LUIZ RICARDO MANTOVANI DA SILVA

ORGANIZAÇÃO E ARQUITETURA DE COMPUTADORES

Uma Jornada do Fundamental ao Inovador

Freitas Bastos Editora

Copyright © 2024 by Luiz Ricardo Mantovani da Silva.

Todos os direitos reservados e protegidos pela Lei 9.610, de 19.2.1998.
É proibida a reprodução total ou parcial, por quaisquer meios,
bem como a produção de apostilas, sem autorização prévia,
por escrito, da Editora.

Direitos exclusivos da edição e distribuição em língua portuguesa:

Maria Augusta Delgado Livraria, Distribuidora e Editora

Direção Editorial: *Isaac D. Abulafia*
Gerência Editorial: *Marisol Soto*
Diagramação e Capa: *Julianne P. Costa*

Dados Internacionais de Catalogação na Publicação (CIP) de acordo com ISBD

```
S586o     Silva, Luiz Ricardo Mantovani da

              Organização e Arquitetura de Computadores: uma Jornada do
          Fundamental ao Inovador / Luiz Ricardo Mantovani da Silva. -
          Rio de Janeiro, RJ : Freitas Bastos, 2023.

              296 p. : 15,5cm x 23cm.

              Inclui bibliografia.
              ISBN: 978-65-5675-358-4

              1. Ciência da computação. 2. Ponto flutuante. 3. Máquina
          multinível. 4. Assembly. 5. Microarquitetura. 6. Cache. 7.
          Computação em nuvem. 8. Sistemas embarcados. 9. Aprendizado
          de máquina. 10. IA. 11. Computação quântica. I. Título.
2023-3492                                                    CDD 004
                                                             CDU 004
```

Elaborado por Vagner Rodolfo da Silva - CRB-8/9410

Índices para catálogo sistemático:
1. Ciência da computação 004
2. Ciência da computação 004

Freitas Bastos Editora
atendimento@freitasbastos.com
www.freitasbastos.com

SUMÁRIO

1. INTRODUÇÃO..11

2. HISTÓRIA DA COMPUTAÇÃO...13
   2.1 Antigos Dispositivos de Cálculo..................................14
   2.2 Máquinas Mecânicas...15
   2.3 A Máquina Analítica de Babbage................................18
   2.4 A Era dos Computadores Eletrônicos.......................20
      2.4.1 Colossus: A Inovação na Decodificação
      de Códigos Durante a Segunda
      Guerra Mundial 21
      2.4.2 ENIAC: O Advento dos Computadores
      Eletrônicos de Propósito Geral.........................23
   2.5 A Revolução do Silício..26
      2.5.1 O Transistor: A Invenção que Revolucionou
      a Tecnologia Eletrônica...................................26
      2.5.2 O Circuito Integrado: Miniaturização e
      Massificação dos Componentes
      Eletrônicos 27
      2.5.3 O Advento dos Microcomputadores:
      A Era do Altair 8800...29
   2.6 A Era da Informática Pessoal.....................................30
   2.7 A Era da Internet... 31

3. O COMPUTADOR E SEUS COMPONENTES...................... 35

4. COMPONENTES BÁSICOS DE UM COMPUTADOR:
   UMA VISÃO DETALHADA...37

4.1. Unidade Central de Processamento (CPU) 37
4.2. Memória Interna e Externa 39
    4.2.1. Memória Interna 39
    4.2.2. Memória Externa 41
4.3. Dispositivos de Entrada e Saída 43
4.4. Barramento do Sistema 44

5. ARITMÉTICA COM INTEIROS E PONTO FLUTUANTE 47
5.1. Introdução à Aritmética de Inteiros e
    Ponto Flutuante 48
5.2. Representação de Números Inteiros
    na Computação 50
5.3. Operações Básicas com Números Inteiros 51
5.4. Algoritmos de Aritmética Inteira 59
5.5. Representação de Números em Ponto
    Flutuante na Computação 64
5.6. Operações Básicas com Números em
    Ponto Flutuante 65
5.7. Algoritmos de Aritmética de Ponto
    Flutuante 67
5.8. Implicações de Precisão e Desempenho na
    Aritmética de Ponto Flutuante 74
5.9. Aplicações Práticas da Aritmética de Inteiros
    e Ponto Flutuante 75
5.10. Considerações Finais sobre Aritmética
    com Inteiros e Ponto Flutuante 76

6. TIPOS DE COMPUTADORES 78
6.1 Introdução aos Tipos de Computadores 78
6.2 Computadores Pessoais 79
    6.2.1 Desktops 81
    6.2.2 Laptops 82
    6.2.3 Tablets e Smartphones 84
6.3 Servidores 85
    6.3.1 Servidores de Rede 85
    6.3.2 Servidores de Banco de Dados 87

6.3.3 Servidores Web 89
6.4 Supercomputadores 91
6.5 Sistemas Embarcados 92
   6.5.1 Microcontroladores 93
   6.5.2 Sistemas de Controle Industrial................................94
   6.5.3 Sistemas Automotivos 96
6.6 Computadores Quânticos 98
6.7 Mainframes 99
6.8 Computadores de Cluster e Grid 101
   Computadores de Cluster 101
   Computadores de Grid 101
6.9 Computadores de Nevoeiro e Borda
   (Fog e Edge Computing) 102
6.10 Considerações Finais sobre Tipos de
   Computadores 103

7. COMPUTADOR COMO MÁQUINA MULTINÍVEL 105
7.1 Introdução à Máquina Multinível.................................. 105
7.2 Níveis de Abstração em Computação 109
7.3 Nível de Hardware: Componentes Físicos................... 111
7.4 Nível de Microarquitetura: Instruções e
   Operações 112
7.5 Nível ISA: Instruction Set Architecture 113
7.6 Nível de Linguagem de Montagem 114
7.7 Nível de Sistema Operacional:
   Gerenciamento de Recursos 117
7.8 Nível de Linguagem de Programação:
   Código de Alto Nível 118
7.9 Nível de Aplicação: Softwares e Aplicações 119
7.10 A Importância da Abstração na
   Computação 120
7.11 Considerações Finais sobre a Máquina
   Multinível 121

8. O NÍVEL DE LINGUAGEM DE MONTAGEM
   (ASSEMBLY) 123
8.1 Introdução à Linguagem de Montagem 123

8.1.1 Linguagens de Programação de Alto Nível vs. Linguagem Assembly: Uma Questão de Portabilidade e Especificidade 124
8.1.2 A Relevância da Linguagem Assembly no Mundo Moderno 125
8.2 Evolução da Linguagem de Montagem 126
8.2.1 Os Primórdios da Computação: Uma Jornada ao Coração das Primeiras Máquinas 127
8.2.2 A Necessidade de Abstração: Simplificando a Complexidade 128
8.2.3 O Nascimento da Linguagem Assembly: Uma Revolução Silenciosa na Programação 129
8.2.4 A Diversificação da Linguagem Assembly: Uma Resposta à Evolução do Hardware 131
8.2.5 Assembly na Era Moderna 133
8.2.6 Conclusão 134
8.3 Componentes Básicos da Linguagem Assembly 135
8.3.1 Instruções: Uma visão geral das instruções comuns em Assembly e como elas são usadas 135
8.3.2 Registros: Uma exploração dos registros e sua importância na linguagem Assembly 136
8.3.3 Diretivas: Como as diretivas ajudam a controlar o processo de montagem 136
8.4 Montadores e o Processo de Montagem 137
8.4.1 O Papel dos Montadores 137
8.4.2 O Processo de Montagem 138
8.5 Programação em Assembly vs. Programação de Alto Nível 139
8.6 Exemplos Práticos de Código Assembly 141
8.7 Desafios e Limitações da Programação em Assembly 147
8.8 Conclusão 148

9. O SISTEMA OPERACIONAL ... 150
9.1 Funções Básicas de um Sistema Operacional ... 150
9.1.1 Gerenciamento de Processos ... 151
9.1.2 Gerenciamento de Memória ... 164
9.1.2.1 Memória RAM: Memória de Acesso Aleatório onde os Processos são Carregados e Executados ... 164
9.1.2.2 Memória Cache: Armazena Dados Frequentemente Usados para Acesso Rápido ... 166
9.1.2.3 Memória Virtual: Espaço em Disco Usado como uma Extensão da Memória RAM ... 168
9.1.2.4 Alocação de Memória ... 169
9.1.2.5 Desalocação de Memória ... 171
9.1.2.6 Segurança da Memória ... 172
9.1.2.7 Monitoramento e Diagnóstico ... 174
9.1.3 Gerenciamento de Arquivos ... 176
9.1.4 Gerenciamento de Dispositivos ... 177
9.1.5 Segurança e Acesso ... 179
9.2 Tipos de Sistemas Operacionais ... 181
9.2.1 Sistemas Monotarefa e Multitarefa ... 181
9.2.2 Sistemas Distribuídos ... 183
9.2.3 Sistemas Embarcados ... 185
9.2.3.1 Tempo Real em Sistemas Embarcados ... 185
9.2.3.2 Aplicações ... 187
9.3 Interação com o Hardware ... 188
9.4 Virtualização ... 189
9.4.1 Virtualização Completa ... 190
9.4.2 Paravirtualização ... 191
9.4.3 Melhor Utilização dos Recursos ... 193
9.4.4 Isolamento e Segurança ... 195
9.4.5 Overhead de Desempenho ... 196
9.4.6 Complexidade de Gerenciamento ... 198
9.5 Desafios e Tendências Futuras ... 199

9.6 Conclusão 199

10. NÍVEL DE ARQUITETURA DO CONJUNTO DE INSTRUÇÕES – ISA 201
10.1 O que é um Conjunto de Instruções? 201
10.2 Características de um Conjunto de
    Instruções 202
10.3 Tipos de Conjuntos de Instruções 215

11. O NÍVEL DE MICROARQUITETURA 224
11.1 Estágios de Pipeline 224
11.2 Relação entre Nível de Montagem e
    Microarquitetura 227
11.3 Exemplos Práticos 230
11.4 Desafios da Microarquitetura 231
11.5 Técnicas Avançadas 231
11.6 História e Evolução 232

12. O NÍVEL LÓGICO DIGITAL 233
12.1 Portas Lógicas 233
12.2 Circuitos Combinacionais e Sequenciais 244
12.3 Técnicas de Minimização 246
12.4 Multiplexadores e Demultiplexadores 247
12.5 Memória Lógica 250
12.6 Desafios no Nível Lógico Digital 250

13. PARALELISMO E CONCORRÊNCIA 253
13.1 Definições 253
13.2 Tipos de Paralelismo 254
13.3 Desafios do Paralelismo e Concorrência 257
13.4 Técnicas para Melhorar o Paralelismo e
    Concorrência 258

14. CACHE E GERENCIAMENTO DE MEMÓRIA 260
14.1 Memória Cache 260
    14.1.1 Níveis de Cache 261
    14.1.2 Políticas de Cache 261

14.2 Gerenciamento de Memória 262
14.3 Desafios no Gerenciamento de Memória 264
14.4 Técnicas Avançadas 265

15. SEGURANÇA E PRIVACIDADE EM ARQUITETURA DE COMPUTADORES 267
15.1 Ameaças à Segurança 267
15.2 Proteção na Arquitetura de Hardware 268
15.3 Privacidade e Armazenamento de Dados 268
15.4 Desafios Futuros 268

16. REDES E COMUNICAÇÃO EM ARQUITETURA DE COMPUTADORES 270
16.1 Histórico e Evolução 270
16.2 Componentes de Rede em Arquitetura de Computadores 272
16.3 Protocolos e Padrões 272
16.4 Desafios e Tendências Futuras 273

17. ARQUITETURAS DE COMPUTADORES MODERNAS 274
17.1 Arquitetura ARM 274
17.2 Arquitetura RISC-V 275

18. COMPUTAÇÃO EM NUVEM 277
18.1 Conceitos Básicos e Modelos de Serviço 277
    18.1.1 Infraestrutura como Serviço (IaaS) 277
    18.1.2 Plataforma como Serviço (PaaS) 278
    18.1.3 Software como Serviço (SaaS) 278
18.2 Benefícios e Desafios da Computação em Nuvem 278

19. VIRTUALIZAÇÃO EM ARQUITETURA DE COMPUTADORES 280
19.1 Conceitos Básicos de Virtualização 280
19.2 Tipos de Virtualização 280
    19.2.1 Virtualização Completa 281

19.2.2 Paravirtualização 281
19.2.3 Virtualização de Nível de Sistema
Operacional 281
19.3 Benefícios da Virtualização 281
19.4 Desafios da Virtualização 282

20. SISTEMAS EMBARCADOS E IOT 283
20.1 Sistemas Embarcados 283
   20.1.1 Definição e Características 283
   20.1.2 Aplicações e Desafios 284
20.2 Internet das Coisas (IoT) 284
   20.2.1 Definição e Visão Geral 284
   20.2.2 Aplicações e Potencial 284
   20.2.3 Desafios e Considerações 284

21. INTELIGÊNCIA ARTIFICIAL E APRENDIZADO DE MÁQUINA 286
21.1 Conceitos Básicos e Aplicações 286
   21.1.1 Inteligência Artificial 286
   21.1.2 Aprendizado de Máquina 287
21.2 Impacto na Arquitetura de Computadores 287
   21.2.1 Hardware Específico 287
   21.2.2 Otimização de Software 287
   21.2.3 Desafios de Memória e Armazenamento 288

22. INTRODUÇÃO À COMPUTAÇÃO QUÂNTICA 289
22.1 Contextualização 289
22.2 Conceitos Básicos 289
   22.2.1 Qubits 289
   22.2.2 Emaranhamento 290
   22.2.3 Portas Quânticas 290
22.3 Impacto na Arquitetura de Computadores 290
   22.3.1 Desafios de Hardware 290
   22.3.2 Programação Quântica 291
   22.3.3 Implicações de Segurança 291

REFERÊNCIAS 293

1. INTRODUÇÃO

A Organização e Arquitetura de Computadores é um campo fascinante que se situa na intersecção entre a ciência da computação e a engenharia elétrica. Este livro foi projetado para fornecer uma visão abrangente e detalhada deste campo, desde os princípios básicos até as tecnologias mais avançadas em uso hoje.

A introdução ao livro começa com uma visão geral da história da computação, desde os primeiros dispositivos mecânicos até os modernos supercomputadores. Esta seção fornece o contexto necessário para entender como a computação evoluiu ao longo do tempo e como as inovações em hardware e software têm impulsionado essa evolução.

Em seguida, o livro mergulha nos componentes básicos de um computador, incluindo a Unidade Central de Processamento (CPU), a memória interna e externa, os dispositivos de entrada e saída e o barramento do sistema. Cada componente é explicado em detalhes, com ênfase em como eles trabalham juntos para realizar tarefas de computação.

O livro então se aprofunda em tópicos mais avançados, como a aritmética com inteiros e ponto flutuante, os diferentes tipos de computadores e a ideia de um computador como uma máquina multinível. Estes conceitos são fundamentais para entender como os computadores são projetados e como eles operam em um nível fundamental.

A partir daí, o livro explora o nível de linguagem de montagem, o sistema operacional e o nível de arquitetura do conjunto de instruções. Estes capítulos fornecem uma visão detalhada de como o software interage com o hardware e como os programadores podem otimizar o desempenho do computador.

O livro também aborda tópicos como paralelismo e concorrência, cache e gerenciamento de memória, e segurança e privacidade em arquitetura de computadores. Estes são aspectos críticos da arquitetura de computadores que têm implicações significativas para o desempenho e a segurança dos sistemas de computação.

Finalmente, o livro conclui com uma discussão sobre as arquiteturas de computadores modernas, computação em nuvem, virtualização, sistemas embarcados e IoT, inteligência artificial e aprendizado de máquina, e uma introdução à computação quântica. Estes capítulos destacam algumas das tecnologias mais excitantes e inovadoras em uso hoje, e fornecem uma visão do futuro da arquitetura de computadores.

Este livro é destinado a estudantes, profissionais e entusiastas que desejam aprofundar seus conhecimentos em organização e arquitetura de computadores. Esperamos que você encontre este livro informativo e útil em sua jornada para entender este campo fascinante.

2. HISTÓRIA DA COMPUTAÇÃO

A história da computação é uma tapeçaria rica e complexa, tecida ao longo de milênios. É uma narrativa que se desenrola através de eras e civilizações, desde os primeiros dispositivos de cálculo até os supercomputadores modernos. A evolução da computação é uma história de inovação contínua, progresso e a busca incansável da humanidade para entender e moldar o mundo ao seu redor.

A computação, em sua essência, é a prática de usar máquinas para aumentar o poder de resolução de problemas do cérebro humano. Ao longo da história, a humanidade tem procurado maneiras de melhorar e acelerar sua capacidade de calcular e processar informações. Desde os primeiros dispositivos de cálculo, como o ábaco e a régua de cálculo, até os computadores mecânicos e eletrônicos, a história da computação é marcada por um fluxo constante de inovação e descoberta.

A história da computação não é apenas uma história de máquinas, mas também de pessoas. É a história de visionários e inventores que sonharam com o impossível e depois trabalharam para torná-lo realidade. É a história de figuras como Charles Babbage, Ada Lovelace, Alan Turing e Grace Hopper, cujas contribuições para o campo da computação foram fundamentais para moldar o mundo em que vivemos hoje.

A história da computação também é uma história de ideias. É a história de como conceitos como algoritmos, linguagens de programação, sistemas operacionais e arquiteturas de computadores foram desenvolvidos e refinados ao longo do tempo. Estas ideias formam a base da computação moderna e continuam a impulsionar o campo para a frente.

Neste capítulo, vamos explorar essa história em detalhes. Vamos mergulhar nos desenvolvimentos chave que moldaram o campo da computação, desde os primeiros dispositivos de cálculo até os supercomputadores modernos. Vamos destacar as figuras importantes cujas visões e inovações ajudaram a definir a computação como a conhecemos hoje. E vamos examinar as ideias e conceitos que estão no coração da computação, e como eles evoluíram e se transformaram ao longo do tempo.

Ao longo do caminho, esperamos que você ganhe uma apreciação mais profunda da complexidade e beleza da computação. A história da computação é uma história incrível de inovação, criatividade e descoberta humana. É uma história que continua a se desenrolar, à medida que continuamos a explorar novas maneiras de usar a computação para resolver problemas e melhorar nossas vidas. E é uma história na qual todos nós, como usuários de computadores, desempenhamos um papel. Então, vamos começar nossa jornada.

2.1 Antigos Dispositivos de Cálculo

A história da computação é marcada por inovações e descobertas que moldaram a maneira como lidamos com cálculos e informações. A origem dessas inovações remonta a dispositivos de cálculo primitivos, que foram os precursores dos computadores modernos.

Um dos primeiros dispositivos de cálculo conhecidos é o ábaco, que surgiu na Mesopotâmia por volta de 2700 a.C. O ábaco é um dispositivo simples, composto por uma série de hastes e contas, que permitia aos usuários realizar cálculos complexos. Este instrumento, que é considerado o mais antigo dispositivo de cálculo, foi utilizado em várias culturas ao redor do mundo e ainda é usado em algumas áreas hoje (Ifrah, 2001).

O ábaco é composto por uma série de hastes paralelas, cada uma contendo várias contas. As contas são movidas ao longo das hastes para representar diferentes quantidades. A posição das contas na haste determina seu valor, e o cálculo é realizado movendo as contas para cima e para baixo nas hastes. Embora seja um dispositivo simples, o ábaco pode ser usado para realizar uma variedade de cálculos, incluindo adição, subtração, multiplicação e divisão.

O uso do ábaco se espalhou por várias civilizações, incluindo a chinesa, a grega e a romana. Na China, o ábaco, conhecido como *suanpan*, foi amplamente utilizado e continua sendo usado até hoje. Na Grécia e em Roma, versões do ábaco foram usadas para cálculos comerciais e científicos.

O ábaco representou um avanço significativo na capacidade humana de realizar cálculos. Antes de sua invenção, os cálculos eram realizados principalmente usando os dedos ou marcando em superfícies como areia ou pedra. O ábaco permitiu cálculos mais complexos e rápidos, abrindo caminho para o desenvolvimento de dispositivos de cálculo mais avançados.

Em resumo, o ábaco é um marco importante na história da computação. Sua invenção permitiu que os humanos realizassem cálculos de maneira mais eficiente, o que por sua vez permitiu avanços em áreas como comércio, ciência e engenharia. Embora os dispositivos de cálculo tenham se tornado muito mais avançados desde a invenção do ábaco, o impacto deste dispositivo simples ainda pode ser sentido hoje.

2.2 Máquinas Mecânicas

A história da computação deu um grande salto no século XVII com a invenção de máquinas de calcular mecânicas. O filósofo e matemático alemão Gottfried Wilhelm Leibniz é uma figura central nesse desenvolvimento. Por volta de 1672, Leibniz começou a trabalhar em uma máquina de calcular mecânica, que foi concluída em 1694. Esta máquina, conhecida como "Step Reckoner" ou "Leibniz Wheel", foi um avanço significativo na tecnologia de cálculo da época. A máquina de Leibniz podia realizar as quatro operações matemáticas básicas: adição, subtração, multiplicação e divisão (Wikipedia, 2023).

Figura 1: Réplica da calculadora de Leibniz

Fonte: (IBM, 2023)

O mecanismo de operação da máquina de Leibniz, conhecido como "Staffelwalze" ou "tambor escalonado", foi um design inovador que formou a base de muitos designs de calculadoras bem-sucedidos nos séculos seguintes. A máquina de Leibniz era composta por uma série de rodas dentadas que podiam girar para realizar cálculos. Cada roda representava um dígito em um número, e a posição da roda indicava a posição do dígito no número. Ao girar as rodas para a posição correta, os usuários podiam realizar cálculos complexos (IBM, 2023).

No entanto, a máquina de Leibniz não foi a primeira máquina de calcular mecânica. Esse título pertence à "Pascaline", uma máquina de calcular inventada pelo matemático e filósofo francês Blaise Pascal entre 1642 e 1644. A Pascaline era uma máquina muito mais simples que a máquina de Leibniz, capaz de realizar apenas adições e subtrações. Os números eram inseridos na máquina manipulando seus discos (Britannica, 2023).

Figura 2: A máquina de calcular Pascaline

Fonte: (Britannica, 2023)

Apesar de suas limitações, a Pascaline foi um marco importante na história da computação. Foi a primeira máquina de calcular mecânica a ser produzida em massa, e seu design influenciou muitas das máquinas de calcular que vieram depois. A Pascaline era composta por uma série de rodas dentadas, cada uma representando um dígito de um número. Ao girar as rodas para a posição correta, os usuários podiam realizar adições e subtrações (Wikipedia, 2023).

A invenção dessas máquinas de calcular mecânicas marcou o início de uma nova era na história da computação. Elas representaram os primeiros passos em direção à automação do cálculo, um conceito que seria fundamental para o desenvolvimento dos computadores modernos. Embora essas máquinas fossem rudimentares em comparação com os computadores de hoje, elas estabeleceram as bases para os avanços que viriam nos séculos seguintes.

2.3 A Máquina Analítica de Babbage

A Máquina Analítica, concebida pelo matemático inglês Charles Babbage no século XIX, é frequentemente considerada o precursor do computador moderno. Embora a máquina de Babbage nunca tenha sido totalmente construída durante sua vida, ela incorporava muitos dos conceitos que são fundamentais para a computação moderna, incluindo a ideia de um "programa" e a separação entre o "hardware" da máquina e as instruções que ela executava (Babbage, 1864).

Babbage começou a trabalhar no projeto da Máquina Analítica em 1834, após o colapso do projeto para construir a Máquina Diferencial (Bromley, 1998). A Máquina Analítica era uma evolução da Máquina Diferencial, com capacidades muito mais avançadas. Enquanto a Máquina Diferencial era capaz de realizar apenas cálculos de diferenças finitas, a Máquina Analítica foi projetada para realizar qualquer tipo de cálculo matemático, tornando-a uma máquina de propósito geral.

Figura 3: Parte da Máquina analítica proposta por Babbage, Museu de Londres

Fonte: (Britannica, 2023)

A Máquina Analítica era composta por duas partes principais: o moinho, que era o equivalente ao que hoje chamamos de unidade central de processamento (CPU), e o depósito, que era essencialmente a memória da máquina. O moinho era responsável por realizar os cálculos, enquanto o depósito armazenava os dados. Esta separação entre processamento e armazenamento de dados é um conceito fundamental na arquitetura de computadores modernos (Bromley, 1998, p. 10).

A Máquina Analítica também foi projetada para ser programada usando cartões perfurados, um método que foi posteriormente utilizado nas primeiras fábricas têxteis mecanizadas. Os cartões perfurados poderiam ser usados para instruir a máquina a realizar uma série de cálculos, permitindo que a máquina executasse uma "rotina" ou "programa" de cálculos sem a necessidade de intervenção humana (Bromley, 1998, p. 12).

Apesar de nunca ter sido totalmente construída, a Máquina Analítica de Babbage foi um marco importante na história da computação. Ela estabeleceu muitos dos conceitos fundamentais que são a base da computação moderna e inspirou gerações de inventores e cientistas da computação (Green, 2005, p. 38).

Babbage trabalhou na Máquina Analítica até sua morte em 1871. Embora ele nunca tenha visto sua máquina ser construída, seu trabalho foi reconhecido e continuado por outros, incluindo sua colaboradora Ada Lovelace. Lovelace é frequentemente creditada como a primeira programadora de computadores, pois ela escreveu o primeiro algoritmo destinado a ser processado por uma máquina, especificamente a Máquina Analítica de Babbage (Swade, 2000, p. 75).

A Máquina Analítica de Babbage e o trabalho de Ada Lovelace são um testemunho do poder da visão e da inovação. Eles estabeleceram as bases para a revolução da computação que viria a ocorrer mais de um século depois, e seu impacto ainda é sentido na computação moderna (Swade, 2000, p. 80).

2.4 A Era dos Computadores Eletrônicos

A chegada do século XX trouxe consigo uma revolução tecnológica sem precedentes, marcada pelo surgimento dos computadores eletrônicos. Essas máquinas, que eram capazes de processar informações a velocidades nunca antes vistas, transformaram a maneira como vivemos, trabalhamos e nos comunicamos. Nesta seção, exploraremos os primeiros passos dessa revolução, começando com as máquinas que foram desenvolvidas durante o período de intensa inovação e necessidade – a Segunda Guerra Mundial.

A Segunda Guerra Mundial foi um período de grandes avanços tecnológicos, muitos dos quais foram impulsionados pela necessidade de superar os desafios apresentados pelo conflito global. A criptografia, a arte de escrever e resolver códigos, desempenhou um papel crucial na guerra. Os Aliados e as Potências do Eixo investiram recursos significativos na criação de códigos para proteger suas comunicações e na decodificação dos códigos inimigos.

Foi nesse contexto que surgiu o Colossus, um dos primeiros computadores eletrônicos e uma máquina que desempenhou um papel crucial na decodificação de mensagens criptografadas. No próximo subseção, 2.4.1, exploraremos a história do Colossus e o impacto que teve na guerra e na evolução da computação.

2.4.1 Colossus: A Inovação na Decodificação de Códigos Durante a Segunda Guerra Mundial

O computador Colossus, desenvolvido durante a Segunda Guerra Mundial, foi um marco na história da computação. Foi projetado e construído para decifrar os códigos nazistas, mais especificamente, o código Lorenz SZ, que era usado pelos altos comandos alemães para se comunicar.

O projeto do Colossus foi liderado por Tommy Flowers, um engenheiro elétrico e mecânico britânico que trabalhava para a General Post Office (GPO) do Reino Unido. Flowers foi abordado pela primeira vez por Max Newman, um colega do Bletchley Park, que estava trabalhando em um dispositivo chamado Heath Robinson para decifrar o código Lorenz. No entanto, o Heath Robinson estava enfrentando problemas de confiabilidade e velocidade, e Newman estava procurando uma alternativa.

Flowers propôs uma máquina totalmente eletrônica, que seria mais rápida e confiável. No entanto, sua proposta foi inicialmente recebida com ceticismo, pois se acreditava que uma máquina totalmente eletrônica seria muito complexa e propensa a falhas. No entanto, Flowers, que tinha experiência anterior com a tecnologia de comutação telefônica eletrônica, estava confiante que poderia funcionar.

Ele começou a trabalhar no projeto em fevereiro de 1943, e o primeiro Colossus foi concluído em dezembro do mesmo ano. A máquina era enorme, pesando cerca de uma tonelada e meia e ocupando uma sala inteira. Era composta por cerca de 1.500 válvulas de termiônicas, que eram usadas para processar os dados.

Figura 4: Computador Colossus

Fonte: Wikipedia (2023)

O Colossus foi usado pela primeira vez em operações em 5 de fevereiro de 1944. Foi um sucesso imediato, sendo capaz de decifrar mensagens Lorenz em questão de horas, em comparação com semanas usando métodos manuais. Isso provou ser uma grande vantagem para os Aliados, pois lhes permitiu obter informações valiosas sobre os planos e movimentos dos nazistas.

No total, dez máquinas Colossus foram construídas durante a guerra. Após a guerra, a existência do Colossus foi mantida em segredo por muitos anos, e todas as máquinas foram desmontadas para manter o segredo. No entanto, o legado do Colossus vive, pois foi um passo importante no desenvolvimento dos computadores modernos.

Os códigos nazistas, em particular o código Lorenz, eram uma parte crucial da estratégia de guerra alemã. O código Lorenz era um código de teletipo que era considerado praticamente indecifrável. No entanto, graças ao trabalho de Flowers e sua equipe, os Aliados foram capazes de decifrá-lo e obter uma vantagem crucial na guerra.

Alan Turing, frequentemente chamado de "pai da computação moderna", também teve um papel fundamental na decodificação dos códigos nazistas durante a Segunda Guerra Mundial. No entanto, seu trabalho estava mais diretamente relacionado à máquina Enigma, e não ao código Lorenz que o Colossus foi projetado para decifrar.

Turing trabalhou em Bletchley Park, o centro de criptoanálise do governo britânico durante a guerra, onde liderou uma equipe que projetou e construiu a Bombe, uma máquina eletromecânica que podia decifrar os códigos da máquina Enigma usada pelos alemães. O trabalho de Turing e sua equipe na decodificação dos códigos Enigma teve um impacto significativo no curso da guerra, permitindo aos Aliados interceptar e decifrar comunicações alemãs secretas.

Embora Turing não tenha estado diretamente envolvido no projeto do Colossus, seu trabalho na Bombe e suas contribuições para a teoria da computação tiveram um impacto significativo no campo da computação e estabeleceram as bases para o desenvolvimento de computadores eletrônicos, incluindo o Colossus.

2.4.2 ENIAC: O Advento dos Computadores Eletrônicos de Propósito Geral

O século 20 viu o advento dos computadores eletrônicos. O ENIAC (Electronic Numerical Integrator and Computer), construído durante a Segunda Guerra Mundial, é frequentemente citado como o primeiro computador eletrônico de propósito geral. O ENIAC era enorme, ocupando uma sala inteira, e era usado para calcular trajetórias de artilharia (Ceruzzi, 2003).

Figura 5: Computador ENIAC

Fonte: (Britannica, 2023)

O ENIAC foi concebido em 1942, quando o físico americano John Mauchly propôs a criação de uma máquina de cálculo totalmente eletrônica. Na época, o exército dos Estados Unidos necessitava de um dispositivo capaz de calcular complexas tabelas balísticas para uso em guerra. Assim, a proposta de Mauchly encontrou um patrono disposto a financiar o projeto (Encyclopedia Britannica, n.d.).

Construído entre 1943 e 1945, o ENIAC foi o primeiro computador de grande escala a operar em velocidade eletrônica, sem ser retardado por partes mecânicas. Apesar de ter sido projetado especificamente para calcular valores para tabelas de alcance de artilharia, o ENIAC possuía uma flexibilidade considerável, o que permitia que ele fosse utilizado para uma ampla gama de problemas (Encyclopedia Britannica, n.d.).

O ENIAC era uma máquina colossal, ocupando uma sala inteira de 50 por 30 pés (aproximadamente 15 por 9 metros). Com mais de 17.000 tubos de vácuo, 70.000 resistores, 10.000 capacitores, 6.000 interruptores e 1.500 relés, era facilmente o sistema eletrônico mais complexo construído até então. O ENIAC operava continuamente, gerando 174 kilowatts de calor e, portanto, necessitava de seu próprio sistema de ar condicionado (Encyclopedia Britannica, n.d.).

Apesar de seu tamanho e complexidade, o ENIAC era capaz de realizar até 5.000 adições por segundo, várias ordens de magnitude mais rápido que seus predecessores eletromecânicos. Por conta de sua operação baseada em tubos de vácuo, o ENIAC e os computadores subsequentes que empregavam essa tecnologia são conhecidos como computadores de primeira geração (Encyclopedia Britannica, n.d.).

Embora a guerra para a qual o ENIAC foi projetado para ajudar a vencer já tivesse terminado quando o computador foi concluído em fevereiro de 1946, a máquina encontrou uso em outros projetos de grande importância. Sua primeira tarefa foi realizar cálculos para a construção da bomba de hidrogênio (Encyclopedia Britannica, n.d.).

A era dos computadores eletrônicos, inaugurada pelo ENIAC, marcou o início de uma revolução na computação que continua até hoje. As máquinas que se seguiram ao ENIAC continuaram a expandir as fronteiras do que era possível, levando eventualmente aos poderosos computadores e sistemas de informação que temos hoje.

2.5 A Revolução do Silício

A Revolução do Silício, um período de inovação tecnológica sem precedentes, foi impulsionada pela invenção do transistor na década de 1940 e do circuito integrado na década de 1950. Essas inovações permitiram a miniaturização dos componentes eletrônicos, abrindo caminho para a era dos microcomputadores (CAMPBELL-KELLY; ASPRAY, 2004).

2.5.1 O Transistor: A Invenção que Revolucionou a Tecnologia Eletrônica

O transistor, uma invenção revolucionária que mudou o curso da tecnologia eletrônica, foi concebido em 1947 por John Bardeen, Walter Brattain e William Shockley. Este trio de cientistas, trabalhando nos Laboratórios Bell, foi capaz de criar um dispositivo que permitia a amplificação e o controle de sinais elétricos de uma maneira nunca vista antes.

A invenção do transistor marcou o início de uma nova era na tecnologia eletrônica. Antes de sua invenção, a tecnologia eletrônica dependia fortemente de dispositivos volumosos e ineficientes, como tubos de vácuo. O transistor, por outro lado, era pequeno, eficiente e durável, o que o tornava ideal para uma ampla gama de aplicações.

A invenção do transistor permitiu o desenvolvimento de uma série de novas tecnologias e dispositivos. Por exemplo, tornou possível a miniaturização de dispositivos eletrônicos, levando ao desenvolvimento de rádios portáteis, calculadoras de bolso e, eventualmente, computadores pessoais. Além disso, o transistor permitiu o desenvolvimento de tecnologias de comunicação mais avançadas, como telefones celulares e satélites de comunicação.

Hoje, o transistor é um componente fundamental em praticamente todos os dispositivos eletrônicos modernos. Desde computadores e *smartphones* até televisores e sistemas de navegação por satélite, o transistor está no coração de quase todas as tecnologias que usamos no dia a dia. Sem a invenção do transistor, o mundo da tecnologia como o conhecemos hoje seria drasticamente diferente.

A invenção do transistor foi tão significativa que John Bardeen, Walter Brattain e William Shockley foram agraciados com o Prêmio Nobel de Física em 1956 por sua contribuição para a ciência e a tecnologia. Este reconhecimento destaca a importância do transistor e o impacto duradouro que teve na sociedade.

Em resumo, o transistor, desde sua invenção em 1947, tem sido um componente essencial na evolução da tecnologia eletrônica. Sua capacidade de amplificar e controlar sinais elétricos permitiu o desenvolvimento de uma infinidade de dispositivos e tecnologias que transformaram a maneira como vivemos e trabalhamos. Como observado por Riordan e Hoddeson em 1997, o transistor é verdadeiramente uma das invenções mais influentes do século XX.

2.5.2 O Circuito Integrado: Miniaturização e Massificação dos Componentes Eletrônicos

Na década de 1950, o circuito integrado, uma inovação que permitiu a combinação de vários transistores em um único chip de silício, foi desenvolvido por Jack Kilby e Robert Noyce. Esta invenção permitiu a produção em massa de componentes eletrônicos em uma escala sem precedentes, levando à miniaturização e à redução de custos dos dispositivos eletrônicos (Brock; Moore, 2006).

Jack Kilby, empregado pela Texas Instruments, registrou suas ideias iniciais sobre o circuito integrado em julho de 1958 e demonstrou com sucesso o primeiro exemplo funcional de um circuito integrado em 12 de setembro de 1958 (Wikipedia, 2023). Em sua patente de 6 de fevereiro de 1959, Kilby descreveu seu novo dispositivo como "um corpo de material semicondutor... onde todos os componentes do circuito eletrônico estão completamente integrados" (Wikipedia, 2023).

No entanto, a invenção de Kilby não era um verdadeiro chip de circuito integrado monolítico, pois tinha conexões externas de fio de ouro, o que teria dificultado a produção em massa. Meio ano após Kilby, Robert Noyce, da Fairchild Semiconductor, inventou o primeiro chip de circuito integrado monolítico verdadeiro. Mais prático do que a implementação de Kilby, o chip de Noyce era feito de silício, enquanto o de Kilby era feito de germânio, e o de Noyce foi fabricado usando o processo planar, desenvolvido no início de 1959 por seu colega Jean Hoerni e incluía as críticas linhas de interconexão de alumínio no chip (Wikipedia, 2023).

A invenção do transistor e do circuito integrado marcou uma transição significativa na história da computação, estabelecendo as bases para a revolução do silício que transformaria a indústria de computadores e a sociedade como um todo.

O transistor, desde sua invenção em 1947, tem sido um componente essencial na evolução da tecnologia eletrônica. Sua capacidade de amplificar e controlar sinais elétricos permitiu o desenvolvimento de uma infinidade de dispositivos e tecnologias que transformaram a maneira como vivemos e trabalhamos. Como observado por Riordan e Hoddeson em 1997, o transistor é verdadeiramente uma das invenções mais influentes do século XX.

No entanto, foi a invenção do circuito integrado na década de 1950 que realmente abriu caminho para a era dos microcomputadores. Desenvolvido por Jack Kilby e Robert Noyce, o circuito integrado permitiu a combinação de vários transistores em um único chip de silício. Esta inovação permitiu a produção em massa de componentes eletrônicos em uma escala sem precedentes, levando à miniaturização e à redução de custos dos dispositivos eletrônicos (Brock; Moore, 2006).

Essas duas invenções, o transistor e o circuito integrado, foram fundamentais para a transformação da computação de uma indústria focada em máquinas grandes e caras para uma que poderia produzir computadores pequenos e acessíveis. Esta transição marcou o início da revolução do silício, um período de rápida inovação e desenvolvimento que continuaria a moldar a indústria de computadores nas décadas seguintes.

2.5.3 O Advento dos Microcomputadores: A Era do Altair 8800

O Altair 8800, lançado em 1975, foi o primeiro microcomputador a alcançar sucesso comercial. Foi desenvolvido pela Micro Instrumentation and Telemetry Systems (MITS), uma empresa fundada por Ed Roberts e Forrest Mims em 1969. O Altair 8800 foi projetado em torno do microprocessador Intel 8080, um dos primeiros microprocessadores de 8 bits produzidos pela Intel.

O Altair 8800 não era um computador no sentido tradicional. Ele foi vendido como um kit de montagem, o que significa que os compradores recebiam as peças e tinham que montar o computador eles mesmos. Isso o tornava acessível para os entusiastas de computadores da época, mas também significava que era necessário um certo nível de conhecimento técnico para montá-lo e operá-lo.

O Altair 8800 foi um marco na história da computação por várias razões. Primeiro, ele inspirou uma nova geração de entusiastas de computadores, incluindo Bill Gates e Paul Allen, que desenvolveram uma versão do BASIC para o Altair, o que eventualmente levou à formação da Microsoft. Segundo, o Altair 8800 levou ao desenvolvimento do software de sistema operacional CP/M (Control Program for Microcomputers). Desenvolvido por Gary Kildall, o CP/M se tornou a base para muitos sistemas operacionais de microcomputadores subsequentes.

O Altair 8800 também desempenhou um papel crucial na popularização do conceito de computadores pessoais. Antes do Altair, os computadores eram vistos principalmente como ferramentas para empresas e instituições de pesquisa. O Altair 8800 ajudou a mudar essa percepção, mostrando que os computadores também poderiam ser usados por indivíduos para tarefas pessoais e hobbies.

Em resumo, o Altair 8800 não foi apenas o primeiro microcomputador comercialmente bem-sucedido, mas também foi um catalisador para o desenvolvimento da indústria de computadores pessoais como a conhecemos hoje (Campbell-Kelly; Aspray, 2004).

A Revolução do Silício transformou a sociedade de maneiras inimagináveis, desde a forma como trabalhamos e nos comunicamos até a maneira como nos divertimos e aprendemos. A invenção do transistor e do circuito integrado, juntamente com o desenvolvimento do Altair 8800, foram eventos cruciais que deram início a esta revolução.

2.6 A Era da Informática Pessoal

A década de 1980 foi um período crucial na história da informática, marcando o advento da era da informática pessoal. Empresas como a Apple e a IBM desempenharam papéis fundamentais nessa revolução, lançando computadores pessoais que mudaram a forma como as pessoas interagiam com a tecnologia (Campbell-Kelly; Aspray, 2004).

A Apple, fundada por Steve Jobs e Steve Wozniak em 1976, lançou o Apple II em 1977, um dos primeiros computadores pessoais de sucesso. O Apple II era notável por sua capacidade de ser usado tanto para fins profissionais quanto recreativos, tornando-o atraente para uma ampla gama de consumidores (Wikipedia, 2023).

Por outro lado, a IBM, uma empresa já estabelecida na indústria de computadores, lançou seu primeiro computador pessoal, o IBM PC, em 1981. O IBM PC rapidamente se tornou o padrão para computadores pessoais, em grande parte devido à sua compatibilidade com uma ampla gama de software de terceiros (Wikipedia, 2023).

O desenvolvimento de software de produtividade, como processadores de texto e planilhas eletrônicas, foi outro fator crucial que contribuiu para a popularização da informática pessoal. O processador de texto WordStar, lançado em 1978, e a planilha eletrônica VisiCalc, lançada em 1979, foram alguns dos primeiros exemplos desses softwares. Esses programas permitiram que os usuários realizassem tarefas complexas de maneira mais eficiente e precisa do que nunca, tornando a computação uma ferramenta indispensável para negócios e educação (Campbell-Kelly; Aspray, 2004).

Além disso, a década de 1980 também viu o surgimento da internet como conhecemos hoje. Embora a internet tenha sido inicialmente desenvolvida na década de 1960, foi apenas na década de 1980 que ela começou a se tornar acessível ao público em geral. A introdução do protocolo TCP/IP em 1983 e a criação do sistema de nomes de domínio (DNS) em 1984 foram marcos importantes que permitiram a expansão da internet. Esses desenvolvimentos permitiram que os computadores pessoais se conectassem a redes maiores, abrindo caminho para a era da informação digital (Wikipedia, 2023).

Em resumo, a década de 1980 foi um período de rápida inovação e desenvolvimento no campo da informática pessoal. O lançamento de computadores pessoais por empresas como Apple e IBM, juntamente com o desenvolvimento de software de produtividade e a expansão da internet, tornou a computação acessível ao público em geral. Esses desenvolvimentos tiveram um impacto profundo na sociedade, mudando a forma como trabalhamos, aprendemos e nos comunicamos.

2.7 A Era da Internet

A invenção da *World Wide Web* por Tim Berners-Lee em 1989 revolucionou a forma como usamos os computadores, permitindo a comunicação e o compartilhamento de informações em uma escala global. Hoje, a internet é uma parte essencial de nossas vidas, usada para tudo, desde compras e bancos *online* até redes sociais e *streaming* de vídeo (Berners-Lee; Fischetti, 1999).

A Era da Internet, como conhecemos hoje, é o resultado de décadas de pesquisa e desenvolvimento em ciência da computação e tecnologia de redes. A ideia de uma rede global de computadores foi concebida por J. C. R. Licklider do Departamento de Defesa dos Estados Unidos na década de 1960. No entanto, foi a invenção da *World Wide Web* por Tim Berners-Lee em 1989 que realmente transformou essa visão em realidade.

A Internet começou como uma rede de computadores interconectados que permitia a comunicação e o compartilhamento de informações em uma escala global. O desenvolvimento da Internet foi impulsionado por uma série de avanços tecnológicos, incluindo a invenção do protocolo de comutação de pacotes, que permitia a transmissão de dados em blocos de mensagens, e a criação de protocolos de rede, como o TCP/IP, que permitiam a comunicação entre redes e dispositivos diferentes.

A Internet também foi influenciada por uma série de projetos de pesquisa e desenvolvimento, como o projeto ARPANET do Departamento de Defesa dos Estados Unidos, que foi a primeira rede a implementar a comutação de pacotes, e o projeto CYCLADES na França, que foi a primeira rede a implementar o princípio de fim a fim, tornando os *hosts* responsáveis pela entrega confiável de dados.

Com o tempo, a Internet evoluiu de uma rede de pesquisa acadêmica e militar para uma infraestrutura global que suporta uma ampla gama de aplicações e serviços. Hoje, a Internet é usada para tudo, desde compras e bancos *online* até redes sociais e *streaming* de vídeo. A Internet também teve um impacto profundo na sociedade, transformando a forma como nos comunicamos, trabalhamos e nos divertimos.

No entanto, a história da Internet também é uma história de desafios e controvérsias. Questões como privacidade, segurança, censura e a divisão digital têm sido questões persistentes ao longo da história da Internet. Além disso, o futuro da Internet é incerto, com novas tecnologias e tendências emergentes, como a Internet das Coisas e a inteligência artificial, que prometem transformar ainda mais a forma como usamos a Internet.

Em resumo, a Era da Internet é uma época de inovação sem precedentes e mudança rápida. A invenção da *World Wide Web* por

Tim Berners-Lee em 1989 foi um marco importante nesta história, mas a Internet como a conhecemos hoje é o resultado de décadas de pesquisa e desenvolvimento. E, à medida que continuamos a explorar as possibilidades da Internet, é provável que a Era da Internet continue a evoluir e a se transformar de maneiras que ainda não podemos prever.

Conclusão

A história da computação é uma jornada fascinante que se estende por milênios, desde os primeiros dispositivos de cálculo até os supercomputadores modernos e a era da Internet. Cada etapa dessa jornada foi marcada por inovações e descobertas que transformaram a maneira como vivemos, trabalhamos e nos comunicamos.

Começamos com os antigos dispositivos de cálculo, como o ábaco, que representavam os primeiros esforços da humanidade para automatizar o processo de cálculo. Avançamos para a era das máquinas mecânicas, com a invenção da máquina de calcular por Leibniz e a Máquina Analítica de Babbage, que lançaram as bases para a computação moderna.

O século XX trouxe consigo a era dos computadores eletrônicos, com o desenvolvimento do Colossus e do ENIAC, que marcaram o início da computação digital. A invenção do transistor e do circuito integrado permitiu a miniaturização dos componentes eletrônicos, abrindo caminho para a era dos microcomputadores e a revolução do silício.

A década de 1980 marcou o advento da era da informática pessoal, com a introdução de computadores pessoais que tornaram a computação acessível ao público em geral. E, finalmente, a invenção da *World Wide Web* por Tim Berners-Lee em 1989 marcou o início da era da Internet, transformando a forma como usamos os computadores e permitindo a comunicação e o compartilhamento de informações em uma escala global.

Cada uma dessas etapas na história da computação não apenas transformou a tecnologia, mas também teve um impacto profundo na sociedade e na cultura. A computação tornou-se uma parte integrante de quase todos os aspectos de nossas vidas, desde a maneira como trabalhamos e aprendemos até a maneira como nos comunicamos e nos divertimos.

No entanto, a história da computação também é uma história de desafios. Questões como privacidade, segurança, censura e a divisão digital têm sido questões persistentes ao longo da história da computação. E, à medida que continuamos a explorar as possibilidades da computação, é provável que esses desafios continuem a evoluir e a se transformar.

Em resumo, a história da computação é uma história de inovação contínua, progresso e a busca incansável da humanidade para entender e moldar o mundo ao seu redor. É uma história que ainda está sendo escrita, e é uma história que todos nós somos parte.

3. O COMPUTADOR E SEUS COMPONENTES

Um computador é uma máquina que pode ser programada para realizar sequências de operações aritméticas ou lógicas automaticamente. Os computadores modernos digitais eletrônicos podem executar conjuntos genéricos de operações conhecidos como programas. Esses programas permitem que os computadores realizem uma ampla gama de tarefas (Wikipedia, 2023).

Um sistema de computador é um computador nominalmente completo que inclui o hardware, o sistema operacional (software principal) e o equipamento periférico necessário e usado para operação total. Este termo também pode se referir a um grupo de computadores que estão ligados e funcionam juntos, como uma rede de computadores ou um *cluster* de computadores (Wikipedia, 2023).

Os computadores são usados em uma ampla gama de produtos industriais e de consumo como sistemas de controle. Dispositivos simples de propósito específico, como fornos de micro-ondas e controles remotos, estão incluídos, assim como dispositivos de fábrica, como robôs industriais e design assistido por computador, bem como dispositivos de propósito geral, como computadores pessoais e dispositivos móveis como *smartphones*. Os computadores alimentam a Internet, que conecta bilhões de outros computadores e usuários (Wikipedia, 2023).

Os primeiros computadores foram feitos para serem usados apenas para cálculos. Instrumentos manuais simples como o ábaco ajudaram as pessoas a fazer cálculos desde os tempos antigos. No início da Revolução Industrial, alguns dispositivos mecânicos foram construídos para automatizar tarefas longas e tediosas, como guiar padrões para teares. Máquinas elétricas mais sofisticadas fizeram cálculos analógicos especializados no início do século 20 (Wikipedia, 2023).

Componentes de um Computador

Convencionalmente, um computador moderno consiste em pelo menos um elemento de processamento, normalmente uma unidade de processamento central (CPU) na forma de um microprocessador, juntamente com algum tipo de memória de computador, normalmente chips de memória semicondutores. O elemento de processamento realiza operações aritméticas e lógicas, e uma unidade de sequenciamento e controle pode alterar a ordem das operações em resposta às informações armazenadas (Wikipedia, 2023).

Os dispositivos periféricos incluem dispositivos de entrada (teclados, *mouses, joystick* etc.), dispositivos de saída (telas de monitor, impressoras etc.) e dispositivos de entrada/saída que realizam ambas as funções (por exemplo, a tela sensível ao toque da década de 2000). Os dispositivos periféricos permitem que as informações sejam recuperadas de uma fonte externa e permitem que o resultado das operações seja salvo e recuperado (Wikipedia, 2023).

4. COMPONENTES BÁSICOS DE UM COMPUTADOR: UMA VISÃO DETALHADA

Um computador é uma máquina complexa, composta por vários componentes interconectados que trabalham juntos para processar e armazenar dados. Os componentes básicos de um computador incluem a Unidade Central de Processamento (CPU), a memória interna e externa, os dispositivos de entrada e saída, e o barramento do sistema.

4.1. Unidade Central de Processamento (CPU)

A Unidade Central de Processamento (CPU) é também chamada de processador central ou processador principal, sendo o processador mais importante em um determinado computador. Sua função é executar as instruções de um programa de computador, como operações de aritmética, lógica, controle e entrada/saída (I/O). A CPU é composta por componentes principais, incluindo a Unidade Lógica e Aritmética (ULA) que realiza operações aritméticas e lógicas, e os registradores do processador que fornecem operandos para a ULA e armazenam os resultados das operações da ULA. Além disso, uma unidade de controle orquestra a busca (da memória), decodificação e execução (das instruções) ao dirigir as operações coordenadas da ULA, registradores e outros componentes (Wikipedia, 2023).

A CPU é implementada em circuitos integrados (ICs) de microprocessadores, com uma ou mais CPUs em um único chip IC. Os chips de microprocessador com várias CPUs são processadores *multicore*. As CPUs físicas individuais, os núcleos do processador, também podem ser *multithreaded* para criar CPUs virtuais ou lógicas adicionais. Um IC que contém uma CPU também pode conter memória, interfaces periféricas e outros componentes de um computador; esses dispositivos integrados são chamados de microcontroladores ou sistemas em um chip (SoC) (Wikipedia, 2023).

A CPU executa uma sequência de instruções armazenadas chamada programa. As instruções a serem executadas são mantidas em algum tipo de memória do computador. Quase todas as CPUs seguem as etapas de busca, decodificação e execução em suas operações, que são coletivamente conhecidas como ciclo de instrução. Após a execução de uma instrução, todo o processo se repete, com o próximo ciclo de instrução normalmente buscando a próxima instrução na sequência devido ao valor incrementado no contador de programa. Se uma instrução de salto foi executada, o contador de programa será modificado para conter o endereço da instrução para a qual foi saltado e a execução do programa continua normalmente. Em CPUs mais complexas, várias instruções podem ser buscadas, decodificadas e executadas simultaneamente (Wikipedia, 2023).

A Unidade de Controle (UC) é um componente da CPU que direciona a operação do processador. Ela diz à memória do computador, à unidade de aritmética e lógica e aos dispositivos de entrada e saída como responder às instruções que foram enviadas ao processador. A UC direciona a operação das outras unidades fornecendo sinais de tempo e controle. A maioria dos recursos do computador é gerenciada pela UC. Ela direciona o fluxo de dados entre a CPU e os outros dispositivos. A UC é normalmente uma parte interna da CPU com seu papel e operação geral inalterados desde sua introdução (Wikipedia, 2023).

A Unidade Lógica e Aritmética (ULA) é um circuito digital dentro do processador que realiza operações aritméticas e lógicas de números inteiros. Os operandos podem ser especificados como um valor constante (chamado de valor imediato), ou como o local de um valor que pode ser um registrador do processador ou um endereço de memória, conforme determinado por algum modo de endereçamento. O resultado consiste em uma palavra de dados, que pode ser armazenada em um registrador ou memória, e informações de status que são normalmente armazenadas em um registro interno especial da CPU reservado para esse propósito (Wikipedia, 2023).

A Unidade de Geração de Endereços (AGU) é uma unidade de execução dentro da CPU que calcula os endereços usados pela CPU para acessar a memória principal. Ao ter cálculos de endereços manipulados por circuitos separados que operam em paralelo com o restante da CPU, o número de ciclos de CPU necessários para executar várias instruções da máquina pode ser reduzido, trazendo melhorias de desempenho (Wikipedia, 2023).

4.2. Memória Interna e Externa

A memória de um computador é um componente crucial que armazena dados e instruções para processamento. Ela é categorizada em memória interna e externa, cada uma com suas características e funções específicas.

4.2.1. Memória Interna

A memória interna, também conhecida como memória principal ou RAM (Random Access Memory), desempenha um papel fundamental no funcionamento de um computador. Ela é responsável por armazenar temporariamente os dados e as instruções necessárias para a execução de um programa pela CPU (Central Processing Unit).

Figura 6: Memória de acesso aleatório (RAM)

Fonte: (Dreamstime, 2023)

A RAM é considerada uma memória volátil, o que significa que os dados armazenados nela são temporários e se perdem quando o computador é desligado ou reiniciado. Isso ocorre porque a RAM requer energia elétrica para manter os dados armazenados. No entanto, sua volatilidade também traz vantagens, pois permite que a memória seja reutilizada rapidamente para diferentes tarefas.

Uma característica importante da memória RAM é seu acesso aleatório. Isso significa que a CPU pode acessar qualquer parte da memória de forma não sequencial, em oposição a uma sequência predeterminada. Isso oferece flexibilidade e eficiência na busca e recuperação de dados, uma vez que a CPU pode acessar diretamente qualquer posição da memória em tempo constante, independentemente de sua localização física. Essa capacidade de acesso aleatório torna a RAM essencial para o funcionamento rápido e eficiente de um computador.

A velocidade e o tamanho da RAM desempenham um papel crucial no desempenho geral do computador. Quanto maior o volume de RAM disponível, mais dados podem ser armazenados temporariamente e acessados rapidamente pela CPU. Isso resulta em um processamento mais eficiente, já que a CPU não precisa buscar constantemente dados na memória externa, como o disco rígido. Além disso, a velocidade da RAM influencia diretamente a taxa de transferência de dados e a capacidade de resposta do sistema.

É importante destacar que a RAM é apenas uma das formas de memória existentes em um computador. Existem outros tipos de memória, como a memória cache e a memória virtual, que complementam a função da RAM e contribuem para um desempenho otimizado do sistema (Stallings, W. (2017). *Computer Organization and Architecture*. Pearson).

Em suma, a memória interna, ou RAM, é uma memória volátil que armazena temporariamente os dados e as instruções necessárias para a execução de um programa pela CPU. Sua capacidade de acesso aleatório e seu tamanho influenciam diretamente o desempenho do computador. Investir em uma quantidade adequada de RAM e em velocidades mais altas contribui para um processamento mais eficiente e uma experiência computacional mais ágil.

4.2.2. Memória Externa

A memória externa, por outro lado, refere-se a dispositivos de armazenamento de longo prazo que mantêm os dados mesmo quando a energia é desligada. Isso inclui discos rígidos (HDDs), drives de estado sólido (SSDs), CDs, DVDs, pen drives, entre outros (Tanenbaum & Bos, 2014). Esses dispositivos armazenam dados de forma permanente e são usados para guardar arquivos, programas e outros dados que não precisam ser acessados imediatamente pela CPU.

Os discos rígidos são dispositivos mecânicos que utilizam discos magnéticos para armazenar os dados. Eles oferecem uma grande capacidade de armazenamento e são amplamente utilizados em computadores pessoais e servidores devido à sua confiabilidade e custo-benefício (Stallings, 2017). Os drives de estado sólido, por sua vez, são dispositivos de armazenamento que utilizam memória flash para armazenar os dados. Eles são mais rápidos e duráveis do que os discos rígidos, mas tendem a ter uma capacidade de armazenamento menor e um custo mais elevado (Stallings, 2017).

Os CDs (Compact Discs) e DVDs (Digital Versatile Discs) são mídias ópticas que podem armazenar grandes quantidades de dados. Eles são amplamente utilizados para distribuição de software, música, filmes e outros tipos de mídia. Além disso, os *pen drives*, também conhecidos como memórias USB, são dispositivos portáteis de armazenamento que utilizam memória flash. Eles são populares devido à sua praticidade e facilidade de transporte.

Outro tipo de memória externa são os cartões de memória, que são amplamente utilizados em dispositivos móveis, câmeras digitais e outros dispositivos eletrônicos. Eles oferecem uma forma compacta de armazenamento removível e são ideais para expansão de capacidade em dispositivos com espaço limitado.

É importante ressaltar que a memória externa é geralmente mais lenta para acessar do que a memória interna. O tempo de acesso aos dispositivos de memória externa é medido em milissegundos ou até mesmo em segundos, enquanto a memória interna, como a RAM, pode fornecer acesso aos dados em nanossegundos. No entanto, os dispositivos de memória externa oferecem uma capacidade de armazenamento muito maior do que a memória interna, permitindo que os usuários armazenem grandes quantidades de dados, arquivos e programas.

Em resumo, a memória interna e externa desempenham papéis vitais no funcionamento de um computador. A memória interna oferece armazenamento temporário para o processamento rápido de dados pela CPU, enquanto a memória externa oferece armazenamento de longo prazo para dados e programas (Tanenbaum & Bos, 2014; Stallings, 2017).

4.3. Dispositivos de Entrada e Saída

Os dispositivos de entrada e saída são componentes indispensáveis nos sistemas de computação modernos, pois atuam como a principal interface entre o computador e o mundo exterior, viabilizando a interação dos usuários com as máquinas (Stallings, W. (2017). *Computer Organization and Architecture*. Pearson). Esse tipo de equipamento possui uma diversidade imensa e se divide, primordialmente, em dois grupos: os dispositivos de entrada e os de saída.

Os dispositivos de entrada são responsáveis por permitir que os usuários insiram dados e instruções no computador. Eles funcionam como a ponte entre o usuário e o sistema computacional, transferindo informações externas para a máquina processar. Entre os dispositivos de entrada mais comuns estão o teclado e o *mouse* (Tanenbaum, A. S., & Bos, H. (2014). *Modern Operating Systems*. Pearson). O teclado é sem dúvida um dos mais utilizados, permitindo que o usuário insira caracteres alfanuméricos, execute comandos e manipule dados. Já o *mouse* é um dispositivo apontador que oferece uma maneira intuitiva de navegar e interagir com interfaces gráficas (Stallings, W. (2017). *Computer Organization and Architecture*. Pearson).

Entretanto, é importante destacar que os dispositivos de entrada não se limitam a teclado e *mouse*. Há também *scanners*, câmeras, microfones, *tablets* de desenho, entre outros. Os *scanners* digitalizam documentos físicos transformando-os em formato digital, enquanto as câmeras capturam imagens e vídeos. Microfones captam sons e os transformam em dados digitais, enquanto *tablets* de desenho permitem a entrada de dados de forma manual e criativa (Silberschatz, A., Gagne, G., & Galvin, P. B. (2012). *Operating System Concepts*. Wiley).

Por outro lado, os dispositivos de saída são utilizados para que o computador apresente informações aos usuários. Esses dispositivos recebem dados processados pela máquina e os transformam em algo perceptível e útil para o usuário. Entre os dispositivos de saída mais conhecidos estão os monitores e as impressoras (Tanenbaum, A. S., & Bos, H. (2014). *Modern Operating Systems*. Pearson). Monitores exibem informações visuais, enquanto impressoras transformam dados digitais em documentos físicos.

No entanto, assim como os dispositivos de entrada, os dispositivos de saída também são muito diversos, incluindo alto-falantes, projetores, fones de ouvido, entre outros. Alto-falantes e fones de ouvido transformam sinais digitais em sons, enquanto projetores exibem informações visualmente em uma tela ou parede maior (Silberschatz, A., Gagne, G., & Galvin, P. B. (2012). *Operating System Concepts*. Wiley).

Ainda, é importante mencionar os dispositivos que funcionam como entrada e saída simultaneamente, conhecidos como dispositivos de E/S. Alguns exemplos incluem as unidades de disco rígido e os drives flash USB, que permitem tanto a leitura quanto a gravação de dados (Stallings, W. (2017). *Computer Organization and Architecture*. Pearson).

Em suma, os dispositivos de entrada e saída desempenham um papel fundamental na computação, permitindo que os humanos se comuniquem efetivamente com as máquinas e vice-versa. Portanto, entender sua funcionalidade e aplicação é de grande importância para compreender como os sistemas de computação funcionam.

4.4. Barramento do Sistema

O barramento do sistema, também referido como barramento principal ou barramento interno, é um componente vital em um sistema de computação, agindo como a principal via de comunicação que transfere dados entre a Unidade Central de Processamento (CPU), a memória e os dispositivos de entrada e saída (Tanenbaum, A. S., & Bos, H. (2014). *Modern Operating Systems*. Pearson). Este elemento estratégico desempenha um papel fundamental no desempenho global do sistema de computação, pois a taxa de transferência de dados no barramento do sistema pode muitas vezes ser um gargalo na performance do sistema.

Em termos arquitetônicos, o barramento do sistema é composto por três conjuntos principais de fios físicos, cada um desempenhando um papel distinto na comunicação de dados. O primeiro deles é o barramento de dados. Esse conjunto de fios é responsável por transportar os dados propriamente ditos, ou seja, a informação que está sendo transferida de um componente para outro. Isso inclui tudo, desde instruções de processamento até informações de aplicativos e sistemas operacionais (Stallings, W. (2017). *Computer Organization and Architecture*. Pearson).

O segundo conjunto de fios é o barramento de endereços. Este barramento tem a função crítica de transportar os endereços de memória. Em outras palavras, ele determina para onde os dados devem ser enviados ou de onde devem ser recuperados. Isso permite que a CPU acesse e manipule a memória do sistema e os dispositivos de E/S de forma precisa e eficaz (Tanenbaum, A. S., & Bos, H. (2014). *Modern Operating Systems*. Pearson).

Por fim, temos o barramento de controle. Este conjunto de fios transporta sinais de controle que coordenam e gerenciam todas as operações do barramento do sistema. Os sinais de controle incluem instruções para leitura e escrita de dados, sinais de interrupção, e sinais que indicam o status das operações do sistema. O barramento de controle é essencial para a organização e a correta execução das atividades dentro do sistema computacional (Silberschatz, A., Gagne, G., & Galvin, P. B. (2012). *Operating System Concepts*. Wiley).

Dito isto, é importante notar que os avanços na tecnologia de computação e a crescente demanda por velocidade e eficiência resultaram em várias inovações no design do barramento do sistema. Por exemplo, alguns sistemas modernos utilizam arquiteturas de barramento múltiplo para aumentar a taxa de transferência de dados e reduzir o tráfego no barramento principal (Stallings, W. (2017). *Computer Organization and Architecture*. Pearson).

Em resumo, o barramento do sistema desempenha um papel crucial na transferência e na gestão de dados em um sistema de computação. A compreensão de sua estrutura e operação é um componente chave para entender a arquitetura e o funcionamento de um sistema de computador.

5. ARITMÉTICA COM INTEIROS E PONTO FLUTUANTE

Os computadores modernos são equipamentos notáveis, capazes de realizar uma miríade de tarefas em um curto espaço de tempo. Essas tarefas vão desde a simples exibição de um *site* até o complexo processamento de dados em aplicações de inteligência artificial. No entanto, todas essas operações, não importa quão complexas possam parecer, são baseadas em operações fundamentais realizadas com números. No centro dessas operações fundamentais está a aritmética computacional, que pode ser categorizada principalmente em dois tipos: aritmética com inteiros e aritmética com ponto flutuante.

A aritmética com inteiros e a aritmética com ponto flutuante representam dois dos aspectos mais fundamentais da computação. São técnicas que descrevem como os números são manipulados no nível mais básico dentro de um computador. Cada tipo de aritmética tem suas próprias particularidades e é adequado para diferentes tipos de aplicações.

Neste capítulo, iremos explorar em profundidade a aritmética com inteiros e a aritmética com ponto flutuante. Começaremos examinando a representação de números inteiros em sistemas computacionais e a variedade de operações que podem ser realizadas com eles. Em seguida, faremos o mesmo para os números em ponto flutuante, discutindo como eles são representados e manipulados.

Abordaremos também os algoritmos e os métodos usados para realizar operações com ambos os tipos de números, e discutiremos as implicações de precisão e desempenho desses métodos na computação. Por fim, ilustraremos como a aritmética de inteiros e de ponto flutuante é usada em aplicações práticas, destacando sua relevância em uma variedade de contextos computacionais.

Prepare-se para uma jornada fascinante pelo mundo da aritmética computacional, um mundo onde a simplicidade e a complexidade se encontram, dando vida às maravilhas da tecnologia moderna.

5.1. Introdução à Aritmética de Inteiros e Ponto Flutuante

A aritmética com inteiros e a aritmética com ponto flutuante são duas áreas fundamentais da computação, que formam a base para a realização de operações numéricas nos sistemas digitais. A compreensão desses dois tipos de aritmética é essencial para a compreensão da funcionalidade e das operações dos sistemas computacionais.

A aritmética com inteiros, como o nome sugere, lida com a manipulação de números inteiros. Os inteiros são números que não possuem uma parte decimal, e podem ser positivos, negativos ou zero (Stallings, W. (2017). *Computer Organization and Architecture*. Pearson). Nesta categoria, as operações fundamentais realizadas são a adição, subtração, multiplicação e divisão, além das operações *bit* a *bit*, que incluem operações de deslocamento e operações lógicas.

No contexto dos sistemas computacionais, a aritmética inteira é usada extensivamente em diversas aplicações. Estes vão desde simples tarefas de contagem e indexação, até o cálculo de endereços de memória e a realização de operações lógicas em ciências da computação (Tanenbaum, A. S., & Bos, H. (2014). *Modern Operating Systems*. Pearson).

Por outro lado, a aritmética com ponto flutuante lida com a representação e a manipulação de números reais, ou seja, números que podem ter uma parte decimal. A precisão e a amplitude dos números que podem ser representados dependem da representação de ponto flutuante adotada, que normalmente segue o padrão IEEE 754 (Stallings, W. (2017). *Computer Organization and Architecture*. Pearson). As operações de ponto flutuante incluem adição, subtração, multiplicação, divisão e operações mais complexas, como raiz quadrada e operações trigonométricas.

A aritmética com ponto flutuante é usada sempre que é necessária uma alta precisão ou sempre que é necessário trabalhar com números reais, como em aplicações de computação gráfica, física, matemática computacional, engenharia e muitos outros campos (Stallings, W. (2017). *Computer Organization and Architecture*. Pearson).

Ambos os tipos de aritmética são essenciais para o funcionamento dos computadores e dos sistemas digitais modernos. Por exemplo, quando você navega na internet, seu computador está realizando operações de aritmética inteira para calcular endereços de memória e para processar protocolos de rede. Simultaneamente, ele também pode estar realizando operações de aritmética de ponto flutuante para processar imagens, vídeos ou para renderizar gráficos em 3D (Tanenbaum, A. S., & Bos, H. (2014). *Modern Operating Systems*. Pearson).

O entendimento desses dois tipos de aritmética e como eles são implementados em hardware é fundamental para o estudo da arquitetura e da organização dos computadores. Não só eles fornecem a base para o processamento de dados, mas também têm implicações significativas no desempenho, na eficiência e na precisão dos sistemas computacionais.

Portanto, neste capítulo, iremos explorar em detalhes a aritmética com inteiros e a aritmética com ponto flutuante. Iremos discutir como os números são representados, como as operações são realizadas e quais as implicações dessas operações para a computação. Vamos começar com a aritmética de inteiros, que é a mais simples e a mais fundamental das duas.

5.2. Representação de Números Inteiros na Computação

No contexto da computação, a representação de números inteiros é uma questão fundamental. É o que permite que os computadores manipulem e armazenem números inteiros, realizando cálculos e operações vitais para seu funcionamento.

Os sistemas computacionais modernos geralmente utilizam a representação binária para armazenar e processar números inteiros (Stallings, W. (2017). *Computer Organization and Architecture*. Pearson). Essa representação é baseada em bits, que são a menor unidade de armazenamento em computadores, capazes de representar dois estados distintos: 0 e 1.

Na representação binária, cada número inteiro é expresso como uma sequência de bits. Por exemplo, o número inteiro dez, na base decimal, é representado como "1010" na base binária. Esta representação permite que a máquina realize operações aritméticas utilizando circuitos digitais simples.

No entanto, representar apenas números inteiros positivos seria uma limitação severa. Para contornar essa limitação, os sistemas computacionais empregam representações binárias que podem lidar com números inteiros negativos, bem como positivos. As três representações mais comuns para esse fim são: representação em sinal-magnitude, representação em complemento para um e representação em complemento para dois (Tanenbaum, A. S., & Bos, H. (2014). *Modern Operating Systems*. Pearson).

Na representação em sinal-magnitude, o *bit* mais significativo é usado para representar o sinal do número. Se o *bit* mais significativo for 0, o número é positivo; se for 1, o número é negativo. O resto dos *bits* representa a magnitude (ou o valor absoluto) do número.

A representação em complemento para um, também conhecida como complemento de um, inverte todos os *bits* de um número para obter seu negativo. Em outras palavras, todos os zeros se tornam uns e todos os uns se tornam zeros.

Já a representação em complemento para dois é a mais comumente utilizada nos computadores modernos. Ela é semelhante ao complemento para um, mas acrescenta 1 ao resultado após a inversão dos *bits*. Isso resolve alguns problemas que surgem com o complemento para um, principalmente eliminando a existência de dois zeros (positivo e negativo).

Embora essas representações permitam a manipulação de números inteiros negativos e positivos, elas também apresentam desafios. Por exemplo, elas limitam o intervalo de números que podem ser representados com um determinado número de *bits* e podem levar a problemas de *overflow*, quando o resultado de uma operação excede a capacidade máxima de representação.

Em suma, a representação de números inteiros em sistemas computacionais é uma área fundamental da aritmética computacional. Ela é a base para a realização de operações aritméticas e desempenha um papel crucial no funcionamento eficaz dos sistemas de computador.

5.3. Operações Básicas com Números Inteiros

A realização de operações com números inteiros é um componente central da computação. Essas operações incluem não apenas as quatro operações aritméticas básicas – adição, subtração, multiplicação e divisão – mas também operações mais complexas, como deslocamento de *bits* e operações lógicas.

Vamos começar com as operações aritméticas básicas. A adição de números inteiros em sistemas computacionais é uma operação bastante direta. Dado um par de números binários, os *bits* correspondentes são somados em cada coluna, iniciando pela direita, da mesma forma que a adição de números decimais. Quando a soma em uma coluna excede 1 (ou seja, 2 em decimal), ocorre o que é chamado de "*carry*", onde o *bit* excedente é levado para a próxima coluna à esquerda (Stallings, W. (2017). *Computer Organization and Architecture*. Pearson).

Figura 7: Diagrama de sequência representando a lógica da soma binária

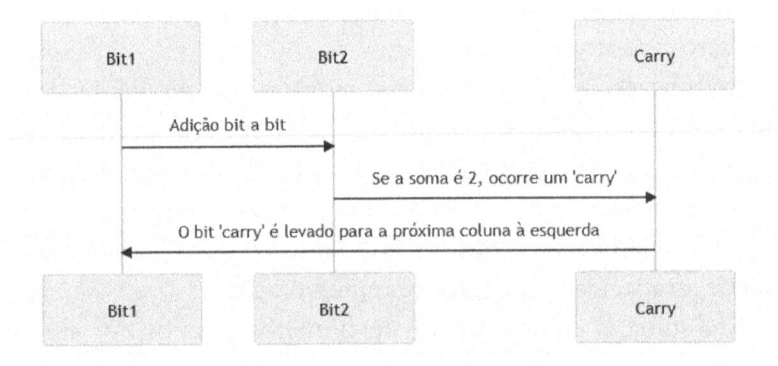

[Diagrama de sequência com os elementos: Bit1, Bit2, Carry. Mensagens: "Adição bit a bit" entre Bit1 e Bit2; "Se a soma é 2, ocorre um 'carry'" entre Bit2 e Carry; "O bit 'carry' é levado para a próxima coluna à esquerda" de Carry para Bit1.]

Fonte: Próprio autor

Agora, vamos representar a adição de dois *bits* em uma tabela. A tabela terá quatro colunas: Bit1, Bit2, Resultado e Carry. Cada linha da tabela representará um cenário possível na adição de dois *bits*.

Tabela 1: Soma binária

Bit1	Bit2	Resultado	Carry
0	0	0	0
0	1	1	0
1	0	1	0
1	1	0	1

Fonte: Próprio autor

Esta tabela mostra o resultado da adição de dois *bits* e o valor do *'carry'*. Por exemplo, a adição de 1 (Bit1) e 1 (Bit2) resulta em 0, mas produz um *'carry'* de 1.

A subtração de números inteiros também é bastante direta e é geralmente realizada utilizando o método do complemento para dois. Esse método envolve a transformação do subtraendo (o número a ser subtraído) em seu complemento para dois e depois adicioná-lo ao minuendo (o número do qual se está subtraindo). Isso efetivamente transforma uma operação de subtração em uma operação de adição, simplificando o processo (Tanenbaum, A. S., & Bos, H. (2014). *Modern Operating Systems*. Pearson).

Aqui está um diagrama de sequência que representa a operação de subtração em algoritmos de aritmética inteira:

Figura 8: Diagrama de sequência representando a subtração binária

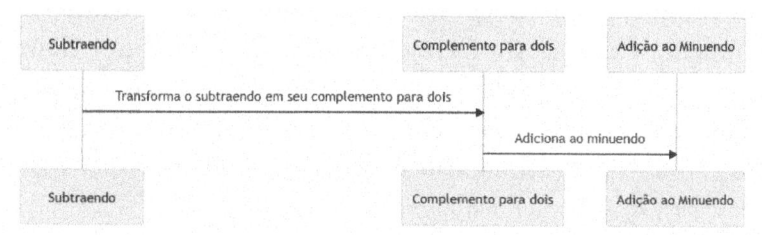

Fonte: Próprio autor

Agora vamos representar a subtração de dois *bits* em uma tabela. A tabela terá seis colunas: Bit1, Bit2, Inversão de Bit2, Adição de 1, Resultado e Carry. Cada linha da tabela representará um cenário possível na subtração de dois *bits* usando o método do complemento para dois.

Tabela 2: Subtração binária

Bit1	Bit2	Inversão de Bit2	Adição de 1	Resultado	Carry
0	0	1	1	1	0
0	1	0	1	1	0
1	0	1	1	0	1
1	1	0	1	0	1

Fonte: Próprio autor

Esta tabela mostra o resultado da subtração de dois *bits* usando o método do complemento para dois e o valor do *'carry'*. Por exemplo, a subtração de 1 (Bit1) e 1 (Bit2) resulta em 0, mas produz um *'carry'* de 1.

A multiplicação e a divisão de números inteiros são operações mais complexas que exigem métodos específicos. A multiplicação geralmente é realizada através de uma série de adições e deslocamentos, enquanto a divisão envolve uma série de subtrações e deslocamentos. Ambas as operações são mais complexas e consomem mais tempo do que a adição e a subtração (Stallings, W. (2017). *Computer Organization and Architecture*. Pearson).

Aqui está o diagrama de sequência para a multiplicação binária:

Figura 9: Diagrama de sequência representando a multiplicação binária

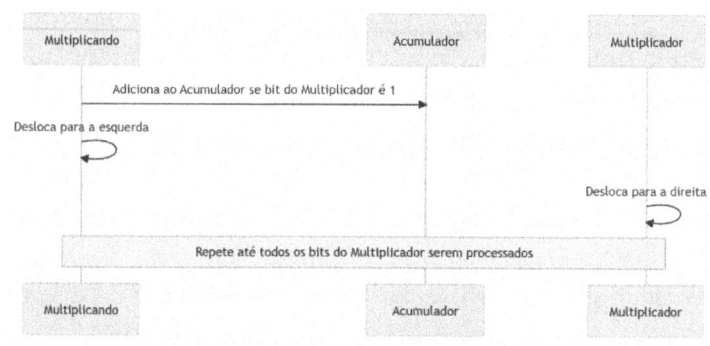

Fonte: Próprio autor

Aqui está a tabela para a multiplicação binária:

Tabela 3: Multiplicação binária

Operação	Multiplicando	Acumulador	Multiplicador	Deslocamento do Multiplicando	Deslocamento do Multiplicador
Operação 1	1	0	1	0	0
Operação 2	1	1	1	1	0
Operação 3	1	1	0	1	1
Operação 4	0	1	0	1	1

Fonte: Próprio autor

Nesta tabela, cada linha representa uma operação de multiplicação binária. O "Multiplicando" é o número que está sendo multiplicado, o "Multiplicador" é o número pelo qual o multiplicando está sendo multiplicado, e o "Acumulador" é onde o resultado parcial da multiplicação é armazenado.

O "Deslocamento do Multiplicando" e o "Deslocamento do Multiplicador" representam o deslocamento de *bits* que ocorre após cada operação. O multiplicando é deslocado para a esquerda e o multiplicador é deslocado para a direita.

Por exemplo, na "Operação 1", o multiplicando é 1 e o multiplicador é 1, então o acumulador é atualizado para 0 + 1 = 1. Não há deslocamento nesta etapa.

Na "Operação 2", o multiplicando permanece o mesmo, mas como o *bit* correspondente no multiplicador é 1, o acumulador é atualizado para 1 + 1 = 10 (2 em decimal), e o *bit* mais significativo (o '1' à esquerda) é carregado para a próxima operação. O multiplicando é então deslocado para a esquerda.

Na "Operação 3", o multiplicando é 1 (deslocado para a esquerda na operação anterior), mas o multiplicador é 0, então não há alteração no acumulador. Ambos, o multiplicando e o multiplicador, são deslocados novamente.

Finalmente, na "Operação 4", tanto o multiplicando quanto o multiplicador são 0, então não há alteração no acumulador. O deslocamento ocorre novamente, mas como todos os *bits* do multiplicador foram processados, a operação de multiplicação está completa.

Observe o exemplo de outra forma:

```
   1 0 1
 x 1 1 0
 ---------
   1 0 1 0
   0 1 0 0
 ---------
   1 1 1 0
```

Vejamos agora o exemplo para a divisão binária. Observe o diagrama de sequência para a divisão binária.

Figura 10: Diagrama de sequência representando a divisão binária

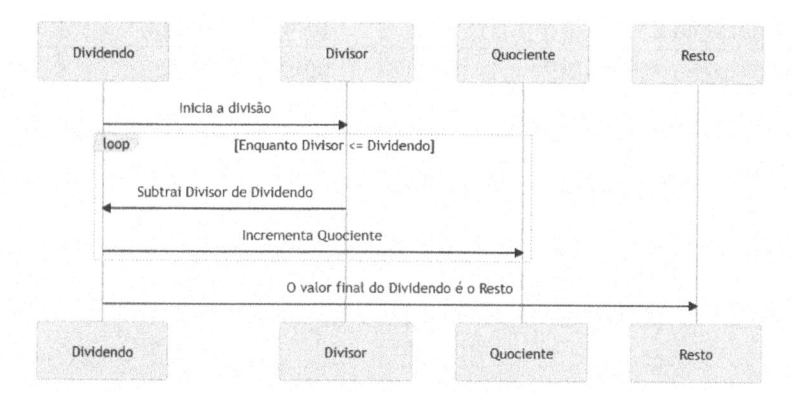

```
Dividendo        Divisor         Quociente         Resto
    |               |                 |               |
    |  Inicia a divisão               |               |
    |──────────────>|                 |               |
    | loop  [Enquanto Divisor <= Dividendo]          |
    |   Subtrai Divisor de Dividendo  |               |
    |<──────────────|                 |               |
    |       Incrementa Quociente      |               |
    |───────────────────────────────>|               |
    |     O valor final do Dividendo é o Resto       |
    |───────────────────────────────────────────────>|
    |               |                 |               |
Dividendo        Divisor         Quociente         Resto
```

Fonte: Próprio autor

Neste diagrama, o processo de divisão binária é representado como uma sequência de interações entre o Dividendo, o Divisor, o Quociente e o Resto. O processo começa com o Dividendo iniciando a divisão com o Divisor. Enquanto o Divisor for menor ou igual ao Dividendo, o Divisor é subtraído do Dividendo e o Quociente é incrementado. Este *loop* continua até que o Divisor seja maior que o Dividendo. O valor final do Dividendo é então o Resto da divisão.

Vejamos o mesmo exemplo por meio de uma tabela.

Tabela 4: Divisão binária

Operação	Dividendo	Divisor	Subtração	Quociente	Resto
Operação 1	1011	1001	0110	0001	0110
Operação 2	0111	1001	0110	0011	0110
Operação 3	0111	1001	0010	0011	0010
Operação 4	0011	1001	0010	0111	0010

Fonte: Próprio autor

Esta tabela mostra a operação de divisão binária passo a passo. Agora vamos detalhar cada operação da tabela:

1. **Operação 1:** O dividendo inicial é 1011 e o divisor é 1001. A subtração do divisor do dividendo resulta em 0110. Como o dividendo é maior que o divisor, o primeiro *bit* do quociente é 1 e o resto após a subtração é 0110.
2. **Operação 2:** O dividendo agora é deslocado para a direita, resultando em 0111. O divisor permanece o mesmo. A subtração do divisor do dividendo novamente resulta em 0110. Como o dividendo ainda é maior que o divisor, o próximo *bit* do quociente é 1 e o resto é 0110.
3. **Operação 3**: O dividendo é novamente deslocado para a direita, resultando em 0111. O divisor permanece o mesmo. A subtração do divisor do dividendo agora resulta em 0010, pois o dividendo é agora menor que o divisor. Portanto, o próximo *bit* do quociente é 0 e o resto é 0010.
4. **Operação 4**: O dividendo é deslocado para a direita pela última vez, resultando em 0011. O divisor permanece o mesmo. A subtração do divisor do dividendo resulta em 0010. Como o dividendo é menor que o divisor, o último *bit* do quociente é 0 e o resto é 0010.

Assim, a operação de divisão binária de 1011 por 1001 resulta em um quociente de 0111 e um resto de 0010.

Além das operações aritméticas básicas, os computadores também realizam operações *bit* a *bit* com números inteiros. Estas incluem operações lógicas, como AND, OR e NOT, bem como operações de deslocamento de *bits*, que movem todos os *bits* de um número para a esquerda ou para a direita. Essas operações são fundamentais para muitas tarefas computacionais, incluindo manipulação de dados, codificação e criptografia (Tanenbaum, A. S., & Bos, H. (2014). *Modern Operating Systems*. Pearson).

Em suma, as operações com números inteiros são uma parte essencial da computação, formando a base para a manipulação de dados em sistemas computacionais. A compreensão de como essas operações são realizadas é vital para entender como os computadores funcionam e como eles processam informações.

5.4. Algoritmos de Aritmética Inteira

Os algoritmos de aritmética inteira formam a espinha dorsal de muitas operações realizadas por um computador. Esses algoritmos permitem que os computadores realizem operações de adição, subtração, multiplicação e divisão de números inteiros. Vamos examinar cada uma dessas operações em detalhes por meio de algoritmos, aproximando o leitor da lógica de funcionamento dos computadores.

Adição: A adição de dois números inteiros no sistema binário é realizada *bit* a *bit*, começando pelo *bit* menos significativo (o *bit* à direita) e avançando para a esquerda. O algoritmo é semelhante ao da adição de números decimais, mas com uma diferença crucial: quando a soma de dois *bits* é 2 (10 em binário), ocorre um "*carry*", onde o *bit* 1 é levado para a próxima coluna à esquerda (Stallings, W. (2017). *Computer Organization and Architecture*. Pearson).

A adição binária pode ser realizada usando operadores *bit* a *bit*. Aqui está um exemplo de como você pode adicionar dois números binários em C:

```c
#include <stdio.h>

int binary_addition(int a, int b) {
    while (b != 0) {
        int carry = a & b;
        a = a ^ b;
        b = carry << 1;
    }
    return a;
}

int main() {
    int a = 5; // Representado em binário como 101
    int b = 3; // Representado em binário como 011
    int result = binary_addition(a, b);
    printf("O resultado da adição é: %d", result);
    return 0;
}
```

Subtração: A subtração de números inteiros em binário é geralmente realizada usando o método do complemento para dois. Isso envolve a inversão de todos os *bits* do subtraendo (o número que está sendo subtraído), adicionando 1 ao resultado, e então adicionando esse número ao minuendo (o número do qual o subtraendo está sendo subtraído). Isso efetivamente transforma a operação de subtração em uma operação de adição (Tanenbaum, A. S., & Bos, H. (2014). *Modern Operating Systems*. Pearson).

A subtração binária pode ser realizada usando o método do complemento para dois. Aqui está um exemplo de como você pode subtrair dois números binários em C:

```c
#include <stdio.h>

int binary_subtraction(int a, int b) {
    b = ~b + 1; // Complemento para dois
    return binary_addition(a, b); // Reutilizando a função de adição binária
}

int main() {
    int a = 5; // Representado em binário como 101
    int b = 3; // Representado em binário como 011
    int result = binary_subtraction(a, b);
    printf("O resultado da subtração é: %d", result);
    return 0;
}
```

Multiplicação: A multiplicação de números inteiros em binário é um pouco mais complexa e envolve uma série de adições e deslocamentos. O algoritmo geralmente envolve a adição do multiplicando (o número a ser multiplicado) a um acumulador sempre que o *bit* correspondente no multiplicador (o número pelo qual o multiplicando está sendo multiplicado) é 1. Após cada passo, o multiplicando é deslocado para a esquerda e o multiplicador é deslocado para a direita. Esse processo é repetido até que todos os *bits* do multiplicador tenham sido processados (Stallings, W. (2017). *Computer Organization and Architecture*. Pearson).

A multiplicação binária pode ser realizada através de uma série de adições e deslocamentos. Aqui está um exemplo de como você pode multiplicar dois números binários em C:

```c
#include <stdio.h>

int binary_multiplication(int a, int b) {
    int result = 0;
    while (b > 0) {
```

```
        if (b & 1) {
            result = result + a;
        }
        a = a << 1;
        b = b >> 1;
    }
    return result;
}

int main() {
    int a = 5; // Representado em binário como 101
    int b = 3; // Representado em binário como 011
    int result = binary_multiplication(a, b);
    printf("O resultado da multiplicação é: %d", result);
    return 0;
}
```

Divisão: A divisão de números inteiros em binário é mais complexa e envolve uma série de subtrações e deslocamentos. O algoritmo de divisão começa alinhando o divisor (o número pelo qual estamos dividindo) com o dividendo (o número que está sendo dividido) à esquerda. Em seguida, o divisor é subtraído do dividendo. Se a subtração puder ser realizada (ou seja, se o dividendo for maior ou igual ao divisor), o *bit* correspondente no quociente (o resultado da divisão) é definido como 1; caso contrário, é definido como 0. Em seguida, o divisor é deslocado uma posição para a direita e o processo é repetido até que o divisor esteja completamente à direita (Tanenbaum, A. S., & Bos, H. (2014). *Modern Operating Systems*. Pearson).

A divisão binária é mais complexa e envolve uma série de subtrações e deslocamentos. Aqui está um exemplo de como você pode dividir dois números binários em C:

```c
#include <stdio.h>

int binary_division(int dividend, int divisor) {
    int quotient = 0;
    int temp = 0;
    for (int i = 31; i >= 0; --i) {
        if ((temp + (divisor << i)) <= dividend) {
            temp = temp + (divisor << i);
            quotient = quotient | (1 << i);
        }
    }
    return quotient;
}

int main() {
    int dividend = 10; // Representado em binário como 1010
    int divisor = 2; // Representado em binário como 0010
    int result = binary_division(dividend, divisor);
    printf("O resultado da divisão é: %d", result);
    return 0;
}
```

Conforme já dissemos, esses algoritmos de aritmética inteira permitem que os computadores realizem operações matemáticas fundamentais com números inteiros. Embora esses algoritmos possam parecer simples, eles são cruciais para muitas operações realizadas por um computador, desde a simples indexação de memória até cálculos complexos em aplicações de computação gráfica e inteligência artificial.

5.5. Representação de Números em Ponto Flutuante na Computação

A representação de números em ponto flutuante é um aspecto crucial da computação, permitindo que os computadores lidem com uma gama muito maior de valores numéricos do que seria possível com a aritmética inteira. A representação em ponto flutuante permite que os computadores representem números muito grandes e muito pequenos, bem como frações, de uma maneira que é eficiente em termos de espaço e que permite cálculos rápidos.

A representação de ponto flutuante é baseada na notação científica, que é uma maneira de escrever números que são muito grandes ou muito pequenos para serem convenientemente escritos em forma decimal padrão. Em notação científica, um número é representado como o produto de dois componentes: uma mantissa e uma potência de dez. Por exemplo, o número 300 pode ser escrito como 3×10^2 em notação científica.

Na representação de ponto flutuante, a ideia da notação científica é aplicada, mas com a base 2 em vez de 10. Um número em ponto flutuante é representado como o produto de uma mantissa e uma potência de dois. A mantissa é um número fracionário binário entre 1.0 e 2.0, e o expoente é um inteiro que determina a potência de dois pela qual a mantissa é multiplicada.

A representação de ponto flutuante padrão mais comum é a norma IEEE 754. Esta norma define a representação e o comportamento de números de ponto flutuante em computadores e é amplamente adotada em hardware e software de computador. A norma IEEE 754 define várias representações diferentes, incluindo precisão simples (32 *bits*), precisão dupla (64 *bits*) e várias outras.

A representação de ponto flutuante permite uma grande flexibilidade na representação de números, mas também apresenta desafios. Um desses desafios é a questão da precisão. Como a mantissa de um número de ponto flutuante tem um número fixo de *bits*, apenas um número finito de valores pode ser representado exatamente. Isso pode levar a erros de arredondamento, que podem se acumular em cálculos complexos.

Outro desafio é o desempenho. Embora a aritmética de ponto flutuante seja rápida em hardware moderno, ela ainda é mais lenta do que a aritmética inteira. Além disso, operações como a divisão e a raiz quadrada são significativamente mais lentas do que a adição e a multiplicação.

Apesar desses desafios, a representação de ponto flutuante é uma ferramenta essencial na computação moderna. Ela é usada em uma ampla gama de aplicações, desde gráficos de computador e processamento de sinais até simulações físicas e aprendizado de máquina.

5.6. Operações Básicas com Números em Ponto Flutuante

A aritmética de ponto flutuante é uma parte fundamental da computação numérica e é essencial para uma ampla gama de aplicações, desde a física e a engenharia até a computação gráfica e a inteligência artificial. No entanto, a aritmética de ponto flutuante é mais complexa e sutil do que a aritmética de inteiros, e é importante entender suas propriedades e limitações para evitar erros e obter resultados precisos.

A adição e a subtração de números em ponto flutuante são operações básicas que, à primeira vista, parecem simples. No entanto, elas apresentam desafios únicos devido à natureza da representação de ponto flutuante. Como Overton (2001) explica, antes que a adição ou a subtração possa ser realizada, os expoentes dos números devem ser alinhados. Isso pode exigir o deslocamento da mantissa de um dos números, o que pode resultar em perda de precisão se a mantissa tiver que ser arredondada. Além disso, o resultado da operação pode exigir normalização e arredondamento, o que pode introduzir erros adicionais.

A multiplicação e a divisão de números em ponto flutuante são operações mais diretas em termos de manipulação de expoentes e mantissas. Na multiplicação, as mantissas dos números são multiplicadas e os expoentes são adicionados, enquanto na divisão, as mantissas são divididas e os expoentes são subtraídos (Higham, 2002). No entanto, assim como na adição e subtração, o resultado pode exigir normalização e arredondamento, o que pode introduzir erros.

Essas operações básicas formam a base para muitos algoritmos de ponto flutuante mais complexos. No entanto, é importante notar que todas essas operações podem resultar em erros de arredondamento, que podem se acumular em cálculos complexos. Portanto, é crucial entender as propriedades e limitações da aritmética de ponto flutuante ao projetar algoritmos que envolvem cálculos numéricos.

A aritmética de ponto flutuante é regida pelo padrão IEEE 754, que define a representação e as operações de ponto flutuante (IEEE Computer Society, 2008). Este padrão foi projetado para garantir a consistência e a previsibilidade das operações de ponto flutuante, e é implementado na maioria dos sistemas de computador modernos. No entanto, mesmo com este padrão, a aritmética de ponto flutuante pode ser uma fonte de erros e dificuldades.

Como Muller *et al.* (2010) observam, um dos principais desafios da aritmética de ponto flutuante é o problema do cancelamento catastrófico. Isso ocorre quando dois números próximos são subtraídos, resultando em um número com pouca precisão significativa. Este é um problema comum em muitos algoritmos numéricos e pode levar a resultados imprecisos ou mesmo incorretos.

Em resumo, a aritmética de ponto flutuante é uma parte essencial da computação numérica, mas é mais complexa e sutil do que a aritmética de inteiros. É importante entender suas propriedades e limitações para evitar erros e obter resultados precisos.

5.7. Algoritmos de Aritmética de Ponto Flutuante

Os algoritmos de aritmética de ponto flutuante são fundamentais para a computação numérica e são usados em uma ampla gama de aplicações, desde a física e a engenharia até a computação gráfica e a inteligência artificial. Esses algoritmos permitem que os computadores realizem operações de adição, subtração, multiplicação e divisão com números de ponto flutuante, que são representados por um sinal, um expoente e uma mantissa (Goldberg, 1991).

A adição e a subtração de números de ponto flutuante são realizadas alinhando os expoentes dos números e adicionando ou subtraindo as mantissas. Se a mantissa do resultado for muito grande ou muito pequena, o resultado é normalizado, deslocando a mantissa e ajustando o expoente de acordo. Se a mantissa não puder ser representada exatamente com o número disponível de *bits*, ela é arredondada para o valor representável mais próximo (Overton, 2001).

Aqui está o algoritmo para soma de valores com ponto flutuante:

```
#include <stdio.h>

float binary_addition(float a, float b) {
    // Converte os números de ponto flutuante para números inteiros
    // Isso é feito para que possamos realizar operações bit a bit nos números
    int int_a = *(int*)&a;
    int int_b = *(int*)&b;

    // Realiza a adição binária
    while (int_b != 0) {
        int carry = int_a & int_b;
        int_a = int_a ^ int_b;
        int_b = carry << 1;
    }
```

```c
    // Converte o resultado de volta para um número de ponto flutuante
    float result = *(float*)&int_a;

    // Retorna o resultado
    return result;
}

int main() {
    // Define os números a serem adicionados
    float a = 5.0f;
    float b = 3.0f;

    // Chama a função para realizar a adição binária
    float result = binary_addition(a, b);

    // Imprime o resultado
    printf("O resultado da adição é: %f", result);

    return 0;
}
```

Este programa realiza a adição binária de dois números de ponto flutuante. Ele faz isso convertendo os números de ponto flutuante para números inteiros, realizando a adição binária nos números inteiros e, em seguida, convertendo o resultado de volta para um número de ponto flutuante.

Agora vejamos a seguir o algoritmo que representa a operação de subtração em ponto flutuante:

```c
#include <stdio.h>

float binary_addition(float a, float b) {
    int int_a = *(int*)&a;
    int int_b = *(int*)&b;
```

```
    while (int_b != 0) {
        int carry = int_a & int_b;
        int_a = int_a ^ int_b;
        int_b = carry << 1;
    }

    float result = *(float*)&int_a;
    return result;
}

float binary_subtraction(float a, float b) {
    // Converte os números de ponto flutuante para números inteiros
    int int_a = *(int*)&a;
    int int_b = *(int*)&b;

    // Realiza o complemento para dois no subtraendo
    int_b = ~int_b + 1;

    // Converte os números inteiros de volta para números de ponto flutuante
    a = *(float*)&int_a;
    b = *(float*)&int_b;

    // Reutiliza a função de adição binária para realizar a subtração
    return binary_addition(a, b);
}

int main() {
    // Define os números a serem subtraídos
    float a = 5.0f;
    float b = 3.0f;

    // Chama a função para realizar a subtração binária
    float result = binary_subtraction(a, b);
```

```c
    // Imprime o resultado
    printf("O resultado da subtração é: %f", result);

    return 0;
}
```

Este programa realiza a subtração binária de dois números de ponto flutuante. Ele faz isso convertendo os números de ponto flutuante para números inteiros, realizando o complemento para dois no subtraendo, convertendo os números inteiros de volta para números de ponto flutuante e, em seguida, reutilizando a função de adição binária para realizar a subtração.

A multiplicação de números de ponto flutuante é realizada multiplicando as mantissas e adicionando os expoentes. Se o resultado for muito grande ou muito pequeno, ele é normalizado. Como na adição e subtração, o resultado pode precisar ser arredondado (Higham, 2002).

Aqui está o algoritmo de multiplicação binária em ponto flutuante.

```c
#include <stdio.h>

float binary_multiplication(float a, float b) {
    // Converte os números de ponto flutuante para números inteiros
    int int_a = *(int*)&a;
    int int_b = *(int*)&b;

    int result = 0;
    while (int_b > 0) {
        if (int_b & 1) {
            result = result + int_a;
        }
        int_a = int_a << 1;
        int_b = int_b >> 1;
    }
```

```
        // Converte o número inteiro de volta para um número de ponto
flutuante
        float float_result = *(float*)&result;
        return float_result;
    }

    int main() {
        // Define os números a serem multiplicados
        float a = 5.0f;
        float b = 3.0f;

        // Chama a função para realizar a multiplicação binária
        float result = binary_multiplication(a, b);

        // Imprime o resultado
        printf("O resultado da multiplicação é: %f", result);

        return 0;
    }
```

Este programa realiza a multiplicação binária de dois números de ponto flutuante. Ele faz isso convertendo os números de ponto flutuante para números inteiros, realizando a multiplicação binária, e então convertendo o número inteiro de volta para um número de ponto flutuante.

A divisão de números de ponto flutuante é mais complexa e geralmente é realizada usando um algoritmo de divisão iterativa. O divisor é subtraído repetidamente do dividendo até que o dividendo seja menor que o divisor. O número de subtrações é o quociente, e o dividendo restante é o resto. O quociente e o resto são então normalizados e arredondados, se necessário (Muller et al., 2010).

Observem o exemplo de algoritmo para divisão em ponto flutuante.

```c
#include <stdio.h>

// Função para realizar a divisão binária de dois números de ponto
flutuante
float binary_division(float dividend, float divisor) {
    // Converte os números de ponto flutuante para números inteiros
    // Isso é feito para que possamos realizar operações bit a bit nos
números
    int int_dividend = *(int*)&dividend;
    int int_divisor = *(int*)&divisor;
    // Inicializa o quociente e a variável temporária
    int quotient = 0;
    int temp = 0;

    // Loop para realizar a divisão bit a bit
    for (int i = 31; i >= 0; --i) {
        // Se a soma de temp e divisor deslocado para a esquerda for
menor ou igual ao dividendo
        if ((temp + (int_divisor << i)) <= int_dividend) {
            // Adiciona o divisor deslocado para a esquerda a temp
            temp = temp + (int_divisor << i);
            // Adiciona 1 ao bit correspondente no quociente
            quotient = quotient | (1 << i);
        }
    }

    // Converte o quociente de volta para um número de ponto flu-
tuante
    float result = *(float*)&quotient;

    // Retorna o resultado
    return result;
}

int main() {
```

```
// Define o dividendo e o divisor
float dividend = 10.0f;
float divisor = 2.0f;

// Chama a função para realizar a divisão binária
float result = binary_division(dividend, divisor);

// Imprime o resultado
printf("O resultado da divisão é: %f", result);
return 0;
}
```

Este programa realiza a divisão binária de dois números de ponto flutuante. Ele faz isso convertendo os números de ponto flutuante para números inteiros, realizando a divisão binária nos números inteiros e, em seguida, convertendo o resultado de volta para um número de ponto flutuante.

Os algoritmos de aritmética de ponto flutuante são implementados em hardware na maioria dos processadores modernos. Esses processadores usam unidades de ponto flutuante (FPUs) para realizar operações de ponto flutuante de forma eficiente. As FPUs são projetadas para executar operações de ponto flutuante em paralelo, o que pode aumentar significativamente a velocidade das operações de ponto flutuante (Patterson & Hennessy, 2013).

No entanto, a aritmética de ponto flutuante tem suas limitações. Devido à natureza finita da representação de ponto flutuante, nem todos os números reais podem ser representados exatamente, o que pode levar a erros de arredondamento. Além disso, operações como a divisão por zero ou a raiz quadrada de um número negativo resultam em valores indefinidos, que são representados por valores especiais de ponto flutuante chamados NaNs (Not a Number) (IEEE Computer Society, 2008).

Em resumo, os algoritmos de aritmética de ponto flutuante são fundamentais para a computação numérica e são usados em uma ampla gama de aplicações. No entanto, eles têm suas limitações e é importante entender essas limitações ao projetar algoritmos que envolvem cálculos numéricos.

5.8. Implicações de Precisão e Desempenho na Aritmética de Ponto Flutuante

A aritmética de ponto flutuante é uma parte essencial da computação, permitindo que os computadores lidem com uma ampla gama de números, desde muito pequenos até muito grandes. No entanto, a precisão e o desempenho dessas operações podem ter implicações significativas em muitos aspectos da computação, desde a precisão dos cálculos até a eficiência do processamento.

A precisão na aritmética de ponto flutuante refere-se à exatidão com que um número pode ser representado e calculado. Na computação, a precisão é limitada pela quantidade de *bits* disponíveis para representar um número. Por exemplo, em um sistema de 32 *bits*, um número de ponto flutuante é geralmente representado por 23 *bits* para a mantissa (a parte do número que contém os dígitos significativos), 8 *bits* para o expoente (que determina a magnitude do número) e 1 *bit* para o sinal (que indica se o número é positivo ou negativo). Isso resulta em uma precisão de cerca de 7 dígitos decimais. Em um sistema de 64 *bits*, a precisão é significativamente maior, com cerca de 15 dígitos decimais (Goldberg, D. (1991). What every computer scientist should know about floating-point arithmetic. *ACM Computing Surveys* (CSUR), 23(1), 5-48).

No entanto, mesmo com essa precisão, erros podem ocorrer. Isso é conhecido como erro de arredondamento e ocorre porque nem todos os números podem ser representados exatamente com um número finito de *bits*. Por exemplo, o número 1/3 não pode ser representado exatamente como um número de ponto flutuante, independentemente da quantidade de *bits* disponíveis. Esses erros de arredondamento podem se acumular em cálculos complexos, levando a resultados imprecisos.

O desempenho na aritmética de ponto flutuante refere-se à velocidade com que as operações podem ser realizadas. As operações de ponto flutuante são geralmente mais lentas do que as operações de ponto fixo ou inteiro, devido à complexidade adicional envolvida na manipulação de números de ponto flutuante. No entanto, muitos processadores modernos incluem hardware especializado para acelerar as operações de ponto flutuante, conhecido como unidade de ponto flutuante (FPU). A FPU pode realizar operações de ponto flutuante muito mais rapidamente do que seria possível usando apenas software (Patterson, D. A., & Hennessy, J. L. (2013). *Computer Organization and Design: The Hardware/Software Interface*. Morgan Kaufmann).

Além disso, muitos algoritmos e aplicações dependem fortemente da aritmética de ponto flutuante. Por exemplo, os gráficos 3D usados em jogos e aplicações de realidade virtual requerem uma grande quantidade de cálculos de ponto flutuante para renderizar imagens realistas. Da mesma forma, muitos algoritmos de aprendizado de máquina e inteligência artificial dependem da aritmética de ponto flutuante para realizar cálculos complexos em grandes conjuntos de dados.

Em conclusão, a aritmética de ponto flutuante é uma parte essencial da computação, mas a precisão e o desempenho dessas operações podem ter implicações significativas. É importante entender essas implicações ao projetar algoritmos e sistemas de computação.

5.9. Aplicações Práticas da Aritmética de Inteiros e Ponto Flutuante

A aritmética de inteiros e ponto flutuante é fundamental para uma ampla gama de aplicações práticas em computação. Desde a programação de baixo nível até a modelagem de sistemas complexos, essas operações matemáticas básicas são a base para muitos dos cálculos realizados por computadores.

No nível mais básico, a aritmética de inteiros é usada para indexar *arrays* e realizar operações de *bit* a *bit* em programação. Por exemplo, em linguagens de programação como C e Java, os operadores *bitwise* permitem que os programadores manipulem diretamente os bits de um número inteiro. Isso pode ser útil para otimizar certas operações, como a multiplicação e divisão por potências de dois.

Além disso, a aritmética de inteiros é usada em algoritmos de criptografia. Por exemplo, o algoritmo RSA, um dos pilares da criptografia de chave pública, depende fortemente da aritmética de inteiros para gerar chaves e criptografar e descriptografar mensagens.

Por outro lado, a aritmética de ponto flutuante é essencial para aplicações que requerem uma grande quantidade de cálculos numéricos, como a modelagem de sistemas físicos, a renderização de gráficos em 3D e a aprendizagem de máquina. Por exemplo, os algoritmos de aprendizagem profunda, que são a base para muitas aplicações de inteligência artificial, dependem fortemente da aritmética de ponto flutuante para treinar modelos em grandes conjuntos de dados.

A aritmética de ponto flutuante também é usada em aplicações de processamento de sinal digital, como a codificação e decodificação de áudio e vídeo. Por exemplo, os codecs de áudio, como o MP3 e o AAC, usam a aritmética de ponto flutuante para transformar o sinal de áudio em uma forma que pode ser facilmente comprimida.

Em resumo, a aritmética de inteiros e ponto flutuante é uma parte fundamental da computação. Seja para otimizar operações de baixo nível, proteger comunicações, modelar sistemas complexos ou aprender a partir de dados, essas operações matemáticas básicas são a base para muitas das tarefas que os computadores realizam todos os dias.

5.10. Considerações Finais sobre Aritmética com Inteiros e Ponto Flutuante

A aritmética com inteiros e ponto flutuante é um componente fundamental da computação, desempenhando um papel crucial em uma ampla gama de aplicações, desde a programação de baixo nível até a modelagem de sistemas complexos e a aprendizagem de máquina. Ao longo deste capítulo, exploramos os princípios básicos dessas operações matemáticas, bem como os algoritmos usados para implementá-las em hardware e software.

A aritmética de inteiros, embora relativamente simples, é a base para muitas operações realizadas por computadores. Vimos como os números inteiros são representados em binário e como as operações básicas de adição, subtração, multiplicação e divisão são realizadas nesse sistema. Também discutimos a importância da aritmética de inteiros em aplicações como a indexação de *arrays* e a criptografia.

Por outro lado, a aritmética de ponto flutuante, embora mais complexa, é essencial para aplicações que requerem uma grande quantidade de cálculos numéricos. Discutimos a representação de números em ponto flutuante e como as operações básicas são realizadas. Também exploramos as implicações de precisão e desempenho dessas operações, bem como suas aplicações práticas em campos como a modelagem de sistemas físicos e a aprendizagem de máquina.

No entanto, é importante notar que a aritmética com inteiros e ponto flutuante é apenas uma parte do que os computadores podem fazer. Outras operações, como a manipulação de *strings* e a execução de instruções de controle de fluxo, também são fundamentais para a computação. Além disso, a eficiência dessas operações depende não apenas dos algoritmos usados, mas também da arquitetura do hardware subjacente.

Em conclusão, a aritmética com inteiros e ponto flutuante é uma parte fundamental da computação. Embora essas operações possam parecer simples, elas são a base para muitas das tarefas que os computadores realizam todos os dias. Compreender esses conceitos é, portanto, crucial para qualquer pessoa interessada em computação.

6. TIPOS DE COMPUTADORES

Os computadores são uma parte integrante da vida moderna, desempenhando um papel crucial em uma variedade de contextos, desde nossas casas e locais de trabalho até indústrias e instituições de pesquisa. No entanto, nem todos os computadores são criados iguais. Existem vários tipos de computadores, cada um projetado para atender a um conjunto específico de necessidades e aplicações. Este capítulo, "Tipos de Computadores", tem como objetivo explorar a diversidade de computadores disponíveis, destacando suas características distintas, capacidades e usos.

6.1 Introdução aos Tipos de Computadores

A discussão começa com computadores pessoais, que são os mais familiares para a maioria das pessoas. Estes incluem *desktops*, *laptops*, *tablets* e *smartphones*, cada um com suas próprias vantagens e desvantagens. Em seguida, passamos para os servidores, que são computadores poderosos projetados para gerenciar redes, armazenar dados e hospedar *sites*.

Supercomputadores, os gigantes do mundo da computação, são o próximo tópico de discussão. Estes são máquinas extremamente poderosas usadas para tarefas que exigem enormes quantidades de cálculos, como modelagem climática e simulações físicas.

Os sistemas embarcados, que são computadores especializados projetados para realizar uma ou algumas tarefas específicas, também são abordados. Estes incluem microcontroladores, sistemas de controle industrial e sistemas automotivos.

O capítulo também aborda os emergentes computadores quânticos, que prometem revolucionar a computação, oferecendo velocidades de processamento muito além do que é possível com a tecnologia atual.

Os *mainframes*, que são computadores de grande porte usados principalmente por grandes organizações para tarefas críticas, como processamento de transações, também são discutidos.

Finalmente, o capítulo conclui com uma discussão sobre computadores de *cluster* e *grid*, bem como computadores de nevoeiro e borda, que são conceitos emergentes na computação distribuída e na Internet das Coisas.

Ao longo do capítulo, o objetivo é fornecer uma visão abrangente dos diferentes tipos de computadores, ajudando os leitores a entender suas características distintas e aplicações.

6.2 Computadores Pessoais

Os computadores pessoais, comumente conhecidos como PCs, são uma parte integral da vida moderna. Eles são os dispositivos que encontramos em nossas casas, escolas e locais de trabalho, usados para uma variedade de tarefas cotidianas. Desde a sua invenção na década de 1970, os PCs revolucionaram a maneira como vivemos, trabalhamos e nos comunicamos, tornando-se uma ferramenta indispensável para indivíduos e organizações em todo o mundo.

Os PCs vêm em várias formas e tamanhos, cada um projetado para atender a diferentes necessidades e preferências do usuário. Os *desktops*, por exemplo, são projetados para serem usados em um local fixo. Eles geralmente consistem em uma unidade central de processamento (CPU), um monitor, um teclado e um *mouse*. Os *desktops* são conhecidos por sua potência e capacidade de expansão, tornando-os ideais para tarefas que exigem alto desempenho, como edição de vídeo, design gráfico e jogos.

Os *laptops*, por outro lado, são portáteis e integram a CPU, o monitor, o teclado e o *mouse* em uma única unidade compacta. Eles são projetados para oferecer um equilíbrio entre portabilidade e desempenho, tornando-os adequados para uma ampla gama de tarefas, desde navegação na *web* e edição de documentos até programação e design gráfico. Com o advento da tecnologia sem fio, os *laptops* permitem aos usuários trabalhar, estudar e se divertir em movimento, oferecendo uma flexibilidade sem precedentes.

Além disso, temos dispositivos móveis como *tablets* e *smartphones*, que são essencialmente computadores pessoais em formatos ainda menores e mais portáteis. Estes dispositivos são cada vez mais poderosos e capazes de realizar muitas das mesmas tarefas que os *desktops* e *laptops*. Eles são ideais para tarefas que exigem mobilidade e conveniência, como navegação na *web*, leitura de *e-books*, reprodução de mídia e comunicação por meio de aplicativos de mensagens e redes sociais.

Os PCs são incrivelmente versáteis, capazes de executar uma ampla gama de software que permite aos usuários realizar uma variedade de tarefas. Eles são usados para tudo, desde trabalho e estudo até entretenimento e comunicação. Em muitos aspectos, os PCs são a espinha dorsal da era digital, permitindo que indivíduos e organizações realizem tarefas que teriam sido impossíveis ou muito mais difíceis sem eles.

Os PCs também desempenham um papel crucial na educação, permitindo o acesso a uma riqueza de recursos de aprendizado *online* e facilitando a colaboração entre estudantes e professores. Eles são usados para realizar pesquisas, escrever e editar trabalhos, participar de aulas *online* e muito mais.

No mundo dos negócios, os PCs são usados para uma variedade de tarefas, desde a comunicação por *e-mail* e videoconferência até a análise de dados e a criação de apresentações. Eles são uma ferramenta essencial para a produtividade e a colaboração, permitindo que as equipes trabalhem juntas de maneira eficaz, independentemente de onde estejam localizadas.

Em termos de entretenimento, os PCs oferecem uma variedade de opções, desde jogos e *streaming* de filmes e música até a criação de conteúdo digital, como blogs, *podcasts* e vídeos. Eles também permitem aos usuários se conectar e interagir com outros através de redes sociais e plataformas de comunicação *online*.

Em resumo, os PCs são uma ferramenta incrivelmente versátil e poderosa que transformou a maneira como vivemos e trabalhamos. Eles são uma parte integral da sociedade moderna e continuarão a evoluir e se adaptar às nossas necessidades e preferências em constante mudança.

6.2.1 Desktops

Os computadores *desktop* são uma forma comum de computadores pessoais e são caracterizados por sua configuração estacionária (Bell & Newell, 1971). Eles são projetados para serem usados em um local fixo e consistem em várias partes separadas, incluindo a unidade central de processamento (CPU), monitor, teclado e *mouse*. A CPU, que é o cérebro do computador, é geralmente alojada em uma caixa separada que pode ser colocada em uma mesa ou no chão.

Os *desktops* são conhecidos por sua potência e capacidade de expansão (Mano & Kime, 2004). Eles são capazes de acomodar componentes de hardware mais poderosos e têm espaço para adicionar ou atualizar componentes, como placas de vídeo, discos rígidos e memória RAM. Isso os torna ideais para tarefas que exigem alto desempenho, como edição de vídeo, design gráfico, renderização 3D e jogos (Stallings, 2016).

Os *desktops* também são conhecidos por sua durabilidade e longevidade (Tanenbaum & Bos, 2014). Eles são construídos para durar e podem ser atualizados e reparados mais facilmente do que outros tipos de computadores pessoais. Isso significa que um *desk-*

top pode continuar a ser útil por muitos anos, mesmo quando os padrões tecnológicos avançam.

Além disso, os *desktops* oferecem uma experiência de usuário mais ergonômica (Wirth, 1976). Com um monitor grande, um teclado completo e um *mouse* preciso, eles são mais confortáveis para usar por longos períodos de tempo. Eles também permitem uma configuração de espaço de trabalho mais personalizada, com a capacidade de escolher o tipo e o tamanho do monitor, o estilo do teclado e do *mouse*, e a disposição dos componentes.

No entanto, os *desktops* têm suas desvantagens. Eles são grandes e pesados, tornando-os impraticáveis para o transporte. Eles também consomem mais energia do que *laptops* ou dispositivos móveis e requerem uma fonte de alimentação constante (Myers, 2004). Além disso, eles exigem um espaço de trabalho dedicado, o que pode ser um problema em ambientes com espaço limitado (Parnas, 1972).

Apesar dessas desvantagens, os *desktops* continuam a ser uma escolha popular para muitos usuários (Brooks, 1975)[8]. Eles são uma ferramenta poderosa e versátil que pode ser adaptada para atender a uma ampla gama de necessidades e preferências. Seja para trabalho, estudo, jogos ou criação de conteúdo, os *desktops* oferecem uma combinação de desempenho, expansibilidade e conforto que é difícil de superar (Knuth, 1968).

6.2.2 Laptops

Os *laptops*, ou *notebooks*, têm desempenhado um papel crítico no mundo da computação ao longo das últimas décadas, permitindo a mobilidade e a conectividade de que muitos indivíduos e organizações dependem (Tarafdar *et al.*, 2015).

Os *laptops* são dispositivos de computação portáteis que incorporam os componentes de um computador de mesa típico, como uma unidade de processamento central (CPU), memória de acesso aleatório (RAM), armazenamento de dados e uma variedade de portas para periféricos em um único pacote compacto

(Stallings, 2013). Além disso, os *laptops* também têm dispositivos de entrada, como um teclado e um *touchpad*, e uma tela embutidos, o que elimina a necessidade de periféricos externos para funcionalidades básicas.

Um aspecto crítico que diferencia os *laptops* dos computadores de mesa é o foco em eficiência energética. Dado que os *laptops* são alimentados por baterias recarregáveis, os componentes do *laptop* são projetados para minimizar o consumo de energia, ao mesmo tempo em que fornecem desempenho suficiente para uma variedade de tarefas de computação (Tiwari *et al.*, 1996). Isso inclui o uso de CPUs de baixo consumo de energia e SSDs que consomem menos energia do que os HDDs tradicionais.

No campo da ciência da computação e engenharia da computação, os *laptops* são ferramentas essenciais para o desenvolvimento e teste de software, o design de sistemas e circuitos, e a realização de pesquisas e análises de dados. Eles também são utilizados em uma variedade de aplicações práticas, como a implementação de servidores *web* em pequena escala, a criação de *clusters* de computadores para computação distribuída e a realização de tarefas de manutenção e diagnóstico em redes e sistemas de banco de dados (Dean, 2009).

Em termos de perspectivas futuras, o desenvolvimento de *laptops* continua a ser influenciado por tendências como a computação em nuvem e a Internet das Coisas (IoT). Como a computação em nuvem permite que os dados e aplicações sejam armazenados e processados remotamente, espera-se que os *laptops* do futuro sejam ainda mais leves e tenham uma maior vida útil da bateria, ao mesmo tempo que fornecem acesso a recursos de computação mais poderosos (Zhang *et al.*, 2010).

Em relação à IoT, os *laptops* podem funcionar como *gateways* ou nós em redes IoT, processando e transmitindo dados de uma variedade de dispositivos conectados (Miorandi *et al.*, 2012).

A tendência do "trabalho remoto" e "aprendizado remoto" devido a eventos recentes como a pandemia COVID-19 também tem impulsionado o uso e desenvolvimento de *laptops*, uma vez que se tornaram a principal ferramenta de trabalho e aprendizado para muitos (Baker *et al.*, 2020).

6.2.3 Tablets e Smartphones

Tablets e *smartphones* tornaram-se dispositivos essenciais na vida cotidiana e em diversas disciplinas, como ciência da computação e engenharia da computação, fornecendo recursos de computação móvel avançados em um pacote compacto (Church & Oliver, 2011).

Os *tablets* e *smartphones* diferem de outros computadores pessoais, como *laptops*, principalmente devido à sua interface de usuário baseada em toque e tamanho compacto. Eles são caracterizados pela sua portabilidade e funcionalidade móvel, e são equipados com uma variedade de sensores integrados como câmera, GPS, acelerômetro, giroscópio e bússola digital, permitindo uma gama de funcionalidades que vão além do simples processamento de dados (Shirazi *et al.*, 2011).

Na ciência da computação e engenharia da computação, os *tablets* e *smartphones* são frequentemente usados como plataformas para o desenvolvimento e teste de aplicativos móveis, estudo de interfaces de usuário, segurança de sistemas, análise de redes sem fio e pesquisa em IoT (Internet das Coisas) (Khatoon & Alam, 2015).

Os *smartphones* e *tablets* também desempenham um papel significativo no paradigma emergente da computação em nuvem, atuando como clientes finais em arquiteturas de computação em nuvem. Esses dispositivos fornecem aos usuários acesso remoto a recursos de computação e armazenamento, permitindo que eles executem aplicativos e acessem dados que seriam muito exigentes para os próprios dispositivos (Fernando *et al.*, 2013).

Além disso, a influência dos *smartphones* e *tablets* na sociedade e no mercado global é inegável. De acordo com um relatório da Statista (2023), o número de usuários de *smartphones* em todo o mundo ultrapassou 3,8 bilhões em 2023. Isso tem impulsionado o desenvolvimento de novos aplicativos e serviços, criando um ecossistema diversificado que envolve várias disciplinas da ciência da computação e engenharia da computação.

6.3 Servidores

Servidores são uma parte vital do panorama da computação, atuando como o núcleo de muitos sistemas de informação. Eles são computadores poderosos projetados para processar e gerenciar dados, hospedar *sites*, executar aplicativos e fornecer uma variedade de serviços para outros computadores ou dispositivos em uma rede (Stallings & Brown, 2012).

6.3.1 Servidores de Rede

Os servidores de rede desempenham um papel crítico na gerência e coordenação de redes. Eles podem fornecer uma gama de serviços que incluem, mas não se limitam a, roteamento de tráfego de rede, gerenciamento de endereços IP, autenticação de usuários, controle de acesso a recursos, e armazenamento e recuperação de arquivos (Kurose & Ross, 2016). Os servidores de rede também podem funcionar como *firewalls* ou *gateways* de rede, protegendo a rede interna de ataques externos e gerenciando o fluxo de informações entre diferentes redes.

Os servidores de rede são componentes fundamentais para o funcionamento adequado das redes modernas, agindo como o coração pulsante que gerencia e coordena todas as atividades de uma rede (Kurose & Ross, 2016). Eles proporcionam uma variedade de serviços essenciais que permitem uma comunicação eficaz entre dispositivos, facilitando o acesso a recursos compartilhados e garantindo um desempenho de rede eficiente e seguro.

Os servidores de rede geralmente são computadores robustos e de alto desempenho, equipados com hardware especializado, como adaptadores de rede de alta velocidade, e rodam softwares de servidor de rede específicos, que os permitem gerenciar com eficiência grandes volumes de tráfego de rede (Stallings, 2013).

Uma das funções primárias dos servidores de rede é o roteamento do tráfego de rede. Através do uso de protocolos de roteamento, como OSPF (Open Shortest Path First) e BGP (Border Gateway Protocol), os servidores de rede são capazes de determinar o caminho mais eficiente para o envio de pacotes de dados através da rede, assegurando que a informação chegue ao seu destino de forma rápida e eficiente (Huitema, 2000).

Além do roteamento, os servidores de rede são responsáveis pelo gerenciamento de endereços IP. Eles atribuem endereços IP a dispositivos na rede através de um processo conhecido como DHCP (Dynamic Host Configuration Protocol), que permite que os dispositivos se conectem e comuniquem com a rede (Droms, 1997). Este gerenciamento de endereços IP é crucial para evitar conflitos de endereço e garantir que cada dispositivo possa ser unicamente identificado na rede.

Os servidores de rede também gerenciam a autenticação de usuários e o controle de acesso a recursos. Eles podem usar uma variedade de métodos de autenticação, como senhas, certificados digitais, ou autenticação de dois fatores, para verificar a identidade dos usuários que tentam acessar a rede (Stallings & Brown, 2012). Uma vez que um usuário é autenticado, o servidor de rede também controla o acesso a recursos compartilhados, como arquivos, impressoras, ou conexões à Internet, com base em políticas de controle de acesso.

Além disso, os servidores de rede muitas vezes desempenham o papel de servidores de arquivos, proporcionando armazenamento e recuperação de arquivos. Eles permitem que os usuários na rede armazenem, recuperem e compartilhem arquivos de forma eficiente. Isso é especialmente útil em ambientes empresariais, onde os usuários precisam compartilhar arquivos grandes ou colaborar em documentos em tempo real (Date, 2003).

Outra função importante que os servidores de rede podem desempenhar é como *firewalls* ou *gateways* de rede. Como *firewalls*, eles podem monitorar e controlar o tráfego de entrada e saída para proteger a rede de ameaças externas, como ataques de *hackers* ou *malware*. Como *gateways* de rede, eles podem gerenciar a comunicação entre redes diferentes, traduzindo informações entre diferentes protocolos de rede conforme necessário (Cheswick, Bellovin & Rubin, 2003).

Em suma, os servidores de rede são um elemento vital de qualquer sistema de rede moderno. Eles fornecem uma série de serviços críticos que permitem que a rede funcione de forma eficiente e segura, e a sua importância só tem crescido à medida que as redes se tornam cada vez mais complexas e interconectadas.

6.3.2 Servidores de Banco de Dados

Os servidores de banco de dados são a espinha dorsal de muitas organizações modernas, permitindo que grandes volumes de dados sejam armazenados, gerenciados e recuperados de maneira eficiente. Eles representam a centralização da informação, onde todos os dados relevantes para a organização são armazenados e acessados, garantindo a consistência, integridade e segurança dos dados (Garcia-Molina, Ullman & Widom, 2021).

Estes servidores são equipados com software de gerenciamento de banco de dados (DBMS), que é uma coleção complexa de software dedicada ao gerenciamento de uma ou mais bases de dados. O DBMS garante que as consultas e transações de banco de dados sejam processadas de maneira eficaz, fornecendo ferramentas para criação, recuperação, atualização e gerenciamento de dados.

Dependendo do tipo de DBMS em uso, os servidores de banco de dados podem lidar com bancos de dados relacionais ou NoSQL. Bancos de dados relacionais, como MySQL e PostgreSQL, são baseados em uma estrutura de dados tabular, onde os dados são organizados em tabelas com linhas e colunas. As tabelas são interligadas através de chaves primárias e estrangeiras, permitindo a execução de consultas complexas que podem combinar dados de várias tabelas (Codd, 1970).

Por outro lado, os bancos de dados NoSQL, como MongoDB e Cassandra, não seguem o modelo relacional e são projetados para serem flexíveis, escaláveis e capazes de gerenciar grandes volumes de dados. Eles são particularmente úteis para lidar com dados semiestruturados ou não estruturados, e são capazes de distribuir dados em várias máquinas para aumentar a performance e a resiliência (Han *et al.*, 2011).

Os servidores de banco de dados são otimizados para lidar com operações intensivas de leitura e escrita de dados. Isso é conseguido através de várias técnicas, incluindo o uso de caches para armazenar dados frequentemente acessados, índices para acelerar consultas de dados e transações para garantir a consistência e a integridade dos dados durante as operações de atualização (Gray & Reuter, 1993).

Além disso, servidores de banco de dados também implementam vários mecanismos de segurança para proteger os dados. Isso inclui controle de acesso para limitar quem pode acessar quais dados, criptografia para proteger os dados em trânsito e em repouso, e auditoria para rastrear todas as operações realizadas no banco de dados (Bertino, Sandhu & Ferrari, 2000).

Em resumo, os servidores de banco de dados são fundamentais para qualquer organização que depende do uso intensivo de dados. Eles fornecem as ferramentas necessárias para armazenar, gerenciar e acessar grandes volumes de dados de maneira eficiente e segura.

6.3.3 Servidores Web

Os servidores *web* são responsáveis por hospedar *sites* e fornecer conteúdo *web* para usuários em toda a Internet. Quando um usuário solicita um *site* através de um navegador, o servidor *web* processa essa solicitação e envia de volta os arquivos relevantes, que podem incluir HTML, CSS, JavaScript, imagens e outros tipos de conteúdo (Fielding & Reschke, 2014). Servidores *web* populares incluem Apache, Nginx e Microsoft's Internet Information Services (IIS).

Os servidores *web* desempenham um papel crítico na infraestrutura da Internet, fornecendo a base para a *World Wide Web*. Eles hospedam os *sites* que visitamos e entregam o conteúdo que consumimos na Internet, desde páginas HTML simples até aplicativos da *web* complexos (Fielding & Reschke, 2014).

Um servidor *web* funciona ouvindo solicitações HTTP ou HTTPS de clientes, geralmente navegadores da *web*, e respondendo a essas solicitações com os arquivos e recursos solicitados. Uma solicitação típica pode envolver o usuário inserindo um URL no navegador, que o navegador então envia ao servidor *web* como uma solicitação HTTP. O servidor *web* interpreta a solicitação, localiza os arquivos ou recursos solicitados e os retorna ao navegador, que então interpreta e exibe o conteúdo para o usuário (Fielding et al., 1999).

Os servidores *web* devem ser capazes de lidar com uma variedade de tipos de conteúdo. Isso inclui, mas não se limita a, documentos HTML que estruturam o conteúdo de uma página da *web*, arquivos CSS que definem a aparência da página, scripts JavaScript que adicionam interatividade à página, imagens, vídeos, e outros tipos de conteúdo multimídia. Além disso, muitos servidores *web* também suportam a geração dinâmica de conteúdo, usando linguagens de script do lado do servidor como PHP, Python, ou Ruby para gerar páginas da *web* em tempo real com base em dados do servidor ou entradas do usuário (Lerdorf & Tatroe, 2002).

Vários servidores *web* populares estão disponíveis, cada um com seus próprios pontos fortes e características. Apache HTTP Server, desenvolvido e mantido pela Apache Software Foundation, é um servidor *web* de código aberto que é conhecido por sua robustez, extensibilidade e suporte a uma ampla gama de módulos (Laurie & Laurie, 2012). Nginx, por outro lado, ganhou popularidade por sua alta performance e eficiência em servir conteúdo estático, bem como sua capacidade de lidar com um grande número de conexões simultâneas (Reese, 2008). O Internet Information Services (IIS) da Microsoft é outra opção popular, particularmente em ambientes Windows, onde pode ser integrado com outras tecnologias da Microsoft, como o .NET Framework (Thomas, 2003).

Gerenciar um servidor *web* envolve uma variedade de tarefas, incluindo a configuração do software do servidor *web*, a manutenção da segurança do servidor e dos dados que ele hospeda, e o monitoramento do desempenho do servidor e a resolução de problemas conforme necessário. A segurança do servidor *web* é de particular importância, pois os servidores *web* são frequentemente alvo de ataques como injeção de SQL, *cross-site scripting* (XSS), e ataques de negação de serviço (DoS) (McClure, Scambray & Kurtz, 2009).

Em resumo, os servidores *web* desempenham um papel vital na habilitação da *World Wide Web* como a conhecemos. Eles facilitam a entrega de conteúdo da *web* para usuários em todo o mundo e permitem a criação e hospedagem de uma vasta gama de *sites* e aplicações *web*.

Cada um desses tipos de servidores desempenha um papel distinto no ecossistema de TI, e a escolha de qual servidor usar depende das necessidades específicas de uma organização ou sistema. Com o advento de tecnologias como virtualização e computação em nuvem, é agora comum que múltiplas instâncias de servidores sejam hospedadas em um único servidor físico ou distribuídas em vários servidores em um *data center* ou nuvem (Buyya *et al.*, 2009).

6.4 Supercomputadores

Os supercomputadores representam o ápice da computação em termos de desempenho bruto e capacidade de processamento. Eles são projetados para realizar cálculos a velocidades excepcionais, medidos em petaflops (quadrilhões de operações de ponto flutuante por segundo) ou até mesmo exaflops (quinquilhões de operações por segundo). Os supercomputadores são essenciais para uma variedade de aplicações científicas e de engenharia que exigem uma grande quantidade de cálculos, como a previsão do tempo, a simulação de testes nucleares, a análise de genomas, a pesquisa sobre mudanças climáticas e a modelagem de proteínas (Rajaraman, 2010).

Os supercomputadores se distinguem dos computadores convencionais por sua arquitetura paralela maciça, que envolve o uso de muitos processadores (ou núcleos) trabalhando simultaneamente para realizar cálculos. Essa arquitetura paralela permite que os supercomputadores lidem com tarefas que seriam proibitivamente demoradas ou impossíveis para computadores mais lentos. Por exemplo, uma simulação de clima que levaria anos para ser concluída em um PC pode ser realizada em poucos dias ou horas em um supercomputador (Hill, Marty & Jouppi, 2017).

Os supercomputadores também são conhecidos por seu hardware especializado. Eles geralmente incluem componentes de alta qualidade, como CPUs de alto desempenho, grandes quantidades de memória RAM e armazenamento de alta velocidade. Além disso, eles muitas vezes usam tecnologias de resfriamento avançadas para lidar com o calor gerado por seu poderoso hardware. Por fim, os supercomputadores são geralmente hospedados em *data centers* especializados, que fornecem a infraestrutura necessária para alimentar e resfriar essas máquinas potentes (Buyya, Yeo, Venugopal, Broberg & Brandic, 2009).

Diversos exemplos de supercomputadores ao longo do tempo incluem o Cray-1, o primeiro supercomputador comercialmente bem-sucedido lançado em 1976, até os mais recentes sistemas como o Summit da IBM e o Fugaku no Japão, este último considerado o supercomputador mais rápido do mundo.

Em suma, os supercomputadores representam a vanguarda da computação de alto desempenho. Eles permitem a pesquisa e a simulação em níveis de complexidade que seriam inatingíveis com computadores convencionais e continuam a ser uma área de foco para avanços em hardware e arquitetura de computadores.

6.5 Sistemas Embarcados

Os sistemas embarcados são sistemas de computação especializados projetados para realizar uma ou algumas tarefas dedicadas, muitas vezes com requisitos em tempo real. Eles são chamados de "embarcados" porque geralmente fazem parte de algum sistema maior, como carros, eletrodomésticos, robôs industriais, sistemas médicos, câmeras digitais e até mesmo aeronaves (Marwedel, 2011).

Os sistemas embarcados diferem dos sistemas de computação gerais, como PCs e servidores, de várias maneiras. Primeiramente, eles são geralmente otimizados para eficiência, podendo operar com recursos de computação e energia limitados. Assim, esses sistemas utilizam microcontroladores ou microprocessadores especializados, ao invés de CPUs de uso geral. Em segundo lugar, os sistemas embarcados são tipicamente dedicados a executar uma função fixa ou um conjunto limitado de funções, ao invés de serem projetados para tarefas gerais e programáveis. Além disso, muitos sistemas embarcados são projetados para operar em tempo real, o que significa que eles têm requisitos rigorosos de tempo de resposta (Buttazzo, 2005).

A programação de sistemas embarcados é um campo especializado dentro da ciência da computação e da engenharia da computação, devido às restrições e desafios únicos desses sistemas. Os engenheiros de software que trabalham com sistemas embarcados geralmente precisam ter um entendimento sólido de hardware, e muitas vezes precisam programar em linguagens de nível inferior, como C ou até mesmo Assembly, para obter o desempenho e a eficiência desejados (Berger, 2002).

Exemplos de sistemas embarcados incluem o sistema de controle do motor em um carro, que monitora e ajusta constantemente as condições do motor para otimizar o desempenho e a eficiência; sistemas de navegação por satélite, que usam sinais de satélite para calcular a posição atual do dispositivo; e monitores cardíacos, que continuamente registram e analisam os sinais elétricos do coração de um paciente.

Em suma, os sistemas embarcados desempenham um papel vital na moderna tecnologia da informação e comunicação. Eles permitem a implementação de funções de computação em uma variedade de dispositivos e sistemas, muitas vezes fornecendo funcionalidades críticas que precisam ser confiáveis e eficientes.

6.5.1 Microcontroladores

Os microcontroladores são uma espécie de minicomputadores integrados em um único chip de silício. Eles são os principais componentes de muitos sistemas embarcados, oferecendo as capacidades de processamento necessárias para controlar dispositivos e sistemas específicos (Monk, 2012).

Um microcontrolador consiste em uma ou mais CPUs (unidades de processamento central), juntamente com memória e interfaces de E/S (entrada/saída), tudo integrado em um único chip. Além disso, eles muitas vezes incluem outros componentes, como conversores analógico-digital (ADCs) e digital-analógico (DACs), timers, e interfaces de comunicação, como I2C, SPI e UART. Tudo isso é projetado para permitir que o microcontrolador interaja efetivamente com o mundo externo (McRoberts, 2010).

Os microcontroladores são projetados para serem compactos e eficientes em termos de energia, o que os torna ideais para uso em aplicações embarcadas. Eles são usados em uma ampla gama de dispositivos e sistemas, desde brinquedos e eletrodomésticos até carros e sistemas de controle industrial. Em cada caso, o microcontrolador é programado para realizar uma tarefa específica ou um conjunto de tarefas, como controlar motores, ler sensores, operar displays ou comunicar-se com outros dispositivos (Iovine, 2003).

Programar um microcontrolador envolve escrever código que é carregado na memória do microcontrolador e executado pela CPU. A linguagem de programação C é comumente usada para programar microcontroladores, embora outras linguagens, como Assembly, também possam ser usadas. A programação de microcontroladores pode ser um processo complexo, pois exige um entendimento profundo do hardware e das restrições do sistema (Barrett & Pack, 2012).

Existem vários fabricantes e famílias de microcontroladores, cada um com suas próprias características e capacidades. Alguns dos mais populares incluem o PIC da Microchip, o AVR da Atmel (usado na popular plataforma Arduino), e a família ARM Cortex, usada em uma ampla gama de dispositivos de baixo consumo de energia.

Em resumo, os microcontroladores são componentes essenciais de muitos sistemas embarcados, oferecendo capacidades de processamento em um pacote compacto e eficiente. A programação e a utilização efetiva de microcontroladores são habilidades-chave na engenharia da computação e na ciência da computação, permitindo a criação de uma ampla gama de dispositivos e sistemas.

6.5.2 Sistemas de Controle Industrial

Os Sistemas de Controle Industrial desempenham um papel fundamental na automação de processos de manufatura e produção, garantindo a eficiência, a precisão e a segurança desses processos. Estes sistemas são constituídos por uma variedade de dispositivos e tecnologias, incluindo PLCs (Controladores Lógicos Programáveis), SCADA (Sistema de Supervisão e Aquisição de Dados), sensores, atuadores, redes industriais, entre outros, todos trabalhando em conjunto para controlar e monitorar o processo de produção (Bolton, 2009).

Um PLC é um tipo de computador industrial que é programado para controlar processos de fabricação, como linhas de montagem e sistemas de transporte. O PLC recebe informações de sensores conectados que monitoram condições específicas, como temperatura, pressão ou posição. O PLC, então, processa essas informações de acordo com seu programa e envia sinais de controle para atuadores conectados, como motores, válvulas ou bombas, para controlar o processo de fabricação (Bolton, 2009).

O SCADA, por outro lado, é um tipo de sistema de software usado para coletar dados de uma variedade de sensores em uma fábrica ou planta industrial, e fornecer uma interface gráfica para monitorar e controlar os processos de produção. O SCADA permite aos operadores ver o estado atual do processo de produção, receber alarmes sobre condições anormais e até mesmo enviar comandos de controle para o processo (Boyer, 2009).

Os sistemas de controle industrial são projetados para operar em tempo real, ou seja, eles têm requisitos rigorosos de tempo para responder a eventos e controlar processos. Isto é crítico para garantir a segurança e a eficiência do processo de produção. Por exemplo, se uma máquina em uma linha de montagem estiver funcionando muito quente, o sistema de controle precisa ser capaz de responder rapidamente, ajustando a operação da máquina ou desligando-a para evitar danos (Zurawski, 2019).

A segurança também é uma preocupação importante para os sistemas de controle industrial. Isso inclui não apenas a segurança física das máquinas e dos operadores humanos, mas também a segurança cibernética dos sistemas de controle em si. À medida que os sistemas de controle se tornam cada vez mais conectados e interconectados, eles se tornam mais vulneráveis a ataques cibernéticos que podem causar interrupções no processo de produção, danos a equipamentos ou mesmo ferimentos a operadores humanos (Stouffer, Pillitteri, Lightman, Abrams & Hahn, 2015).

Diversos desafios e tendências emergem na área de sistemas de controle industrial. Isso inclui a crescente digitalização e interconexão de sistemas de controle, às vezes referida como a Indústria 4.0 ou a quarta revolução industrial, que traz consigo novas oportunidades para a otimização e a automação de processos, mas também novos desafios em termos de segurança cibernética e privacidade de dados (Lu, 2017).

Em suma, os sistemas de controle industrial são vitais para a operação segura e eficiente de processos de produção e manufatura. O projeto, a implementação e a manutenção desses sistemas são tarefas complexas que exigem uma compreensão sólida dos princípios de controle, das tecnologias envolvidas e das exigências específicas do processo de produção.

6.5.3 Sistemas Automotivos

Os sistemas automotivos modernos são uma simbiose de engenharia mecânica e eletrônica, tornando-se cada vez mais dependentes de sistemas embarcados e tecnologias de software para melhorar o desempenho, a segurança, o conforto e a eficiência do veículo. Estes sistemas incluem, entre outros, sistemas de controle do motor, sistemas de freios antibloqueio (ABS), sistemas de controle de estabilidade do veículo (ESP), sistemas de assistência ao motorista e sistemas de informação e entretenimento a bordo (Schwarzenbach & Gill, 2019).

O sistema de controle do motor é um exemplo de um sistema embarcado crítico num automóvel. Utiliza sensores para coletar dados em tempo real sobre parâmetros como a velocidade do motor, a temperatura do motor, a pressão do ar de admissão e a posição do pedal do acelerador. Estes dados são processados por um microcontrolador, que ajusta o tempo de ignição, a mistura de ar/

combustível e o controle de válvulas para otimizar o desempenho e a eficiência do motor (Bosch, 2014).

Os sistemas ABS e ESP são dois exemplos de sistemas de controle de segurança em automóveis. O ABS evita que as rodas travem durante a frenagem, permitindo ao motorista manter o controle direcional do veículo. O ESP, por outro lado, ajuda a prevenir a derrapagem do veículo em situações de condução difíceis, como em estradas escorregadias ou durante manobras de emergência (Schwarzenbach & Gill, 2019).

Os sistemas de assistência ao motorista, como o controle de cruzeiro adaptativo, a assistência de manutenção de faixa e a detecção de ponto cego, usam sensores avançados e algoritmos de processamento de imagem para melhorar a segurança e o conforto na condução. Eles podem alertar o motorista sobre potenciais perigos, e em alguns casos, até tomar ações corretivas automaticamente (Sivaraman & Trivedi, 2013).

Os sistemas de informação e entretenimento a bordo, também conhecidos como *infotainment*, fornecem uma interface ao usuário para controlar funções de áudio, navegação, comunicação e outras funções do veículo. Estes sistemas estão se tornando cada vez mais sofisticados, com recursos como reconhecimento de voz, conectividade à internet, e integração com *smartphones* (Leen & Heffernan, 2014).

Embora estes sistemas automotivos ofereçam muitos benefícios, eles também apresentam desafios. Por exemplo, a segurança cibernética é uma preocupação crescente, à medida que os automóveis se tornam mais conectados e vulneráveis a ataques cibernéticos (Checkoway *et al.*, 2011). Além disso, a complexidade crescente dos sistemas automotivos exige habilidades avançadas de engenharia e teste para garantir a confiabilidade e a segurança desses sistemas.

Em resumo, os sistemas automotivos modernos são um exemplo impressionante da aplicação de sistemas embarcados e tecnologias de software na engenharia automotiva. Eles melhoram o desempenho, a segurança, o conforto e a eficiência dos veículos, mas também trazem novos desafios em termos de segurança cibernética e complexidade do sistema.

6.6 Computadores Quânticos

Os computadores quânticos representam uma revolução na computação, prometendo avanços significativos em áreas como criptografia, otimização de problemas e simulação de sistemas quânticos. Eles operam de maneira fundamentalmente diferente dos computadores clássicos, aproveitando os princípios da mecânica quântica para processar informações.

Os computadores clássicos usam *bits* para processar informações, que podem estar em um de dois estados: 0 ou 1. Em contraste, os computadores quânticos usam *qubits*, que podem estar em um estado de superposição de 0 e 1 ao mesmo tempo. Isso significa que um *qubit* pode realizar dois cálculos simultaneamente. Dois *qubits* podem realizar quatro cálculos, três *qubits* podem realizar oito e assim por diante, permitindo que um computador quântico processe uma vasta quantidade de informações de uma vez.

Outro princípio quântico que os computadores quânticos utilizam é o emaranhamento. Quando os *qubits* estão emaranhados, o estado de um *qubit* está diretamente relacionado ao estado de outro, não importa quão distantes eles estejam. Isso permite que os computadores quânticos realizem cálculos complexos de maneira mais eficiente do que seria possível em um computador clássico.

No entanto, a computação quântica ainda está em seus estágios iniciais. Os computadores quânticos atuais são altamente sensíveis a perturbações do ambiente, o que pode causar erros de cálculo. Além disso, os *qubits* podem perder rapidamente seu estado quântico, um fenômeno conhecido como decaimento quântico. Esses desafios estão sendo ativamente pesquisados e muitos avanços estão sendo feitos.

A IBM, Google, Microsoft e outras empresas estão investindo pesadamente na pesquisa e desenvolvimento de computadores quânticos. A IBM, por exemplo, disponibilizou um computador quântico para uso público através da nuvem, permitindo que pesquisadores e entusiastas experimentem a computação quântica.

Os computadores quânticos têm o potencial de resolver problemas que são atualmente inacessíveis para os computadores clássicos. Por exemplo, eles poderiam ser usados para fatorar grandes números primos, uma tarefa que é fundamental para a criptografia moderna. Eles também poderiam ser usados para simular moléculas e reações químicas com alta precisão, o que poderia ter implicações significativas para a descoberta de medicamentos e a pesquisa de materiais.

No entanto, também há preocupações sobre o impacto dos computadores quânticos na segurança. Se os computadores quânticos se tornarem uma realidade prática, eles poderiam potencialmente quebrar muitos dos sistemas de criptografia atualmente em uso. Isso levou a um interesse crescente na pesquisa de criptografia pós-quântica, que é resistente aos ataques de computadores quânticos.

Em resumo, a computação quântica é uma área de pesquisa emocionante e em rápido desenvolvimento que tem o potencial de transformar a computação. Embora ainda haja muitos desafios a serem superados, os avanços na tecnologia quântica estão trazendo a era da computação quântica cada vez mais perto da realidade.

6.7 Mainframes

Os *mainframes* são computadores de grande porte, projetados para processar e gerenciar grandes quantidades de dados de forma rápida e eficiente. Eles são especialmente úteis para aplicações que requerem alta disponibilidade, confiabilidade e segurança, como processamento de transações bancárias, gerenciamento de sistemas de saúde e operações de companhias aéreas (IBM, 2020).

Os *mainframes* têm uma longa história, remontando aos primeiros dias da computação. O termo «*mainframe*" originalmente se referia ao gabinete principal que abrigava a unidade central de processamento (CPU) de um computador (Cortada, 1993). Hoje, ele é usado para se referir a computadores de grande porte que são capazes de suportar milhares de usuários e aplicações simultaneamente.

Uma das principais características dos *mainframes* é sua alta confiabilidade. Eles são projetados para operar continuamente, sem interrupções, e têm várias redundâncias incorporadas para garantir que continuem funcionando mesmo em caso de falha de um componente (IBM, 2020). Além disso, os *mainframes* são capazes de processar grandes volumes de transações de forma rápida e eficiente, tornando-os ideais para aplicações que requerem alto desempenho.

Os *mainframes* também são conhecidos por sua segurança robusta. Eles têm várias camadas de segurança incorporadas, incluindo controle de acesso, criptografia e isolamento de processos, para proteger os dados e as aplicações que eles gerenciam (IBM, 2020).

Apesar do surgimento de outras tecnologias de computação, como a computação em nuvem, os *mainframes* continuam a ser uma parte crucial da infraestrutura de TI de muitas organizações. De acordo com um relatório da BMC, 91% das empresas da Fortune 500 ainda usam *mainframes* para suas operações críticas de negócios (BMC, 2020).

No entanto, os *mainframes* também enfrentam desafios. A escassez de habilidades é um problema significativo, pois muitos profissionais de TI não estão familiarizados com a tecnologia mainframe (BMC, 2020). Além disso, embora os *mainframes* sejam conhecidos por sua confiabilidade e segurança, eles não são imunes a falhas ou ataques cibernéticos.

Em resumo, os *mainframes* continuam a desempenhar um papel vital na infraestrutura de TI de muitas organizações. Eles oferecem alta disponibilidade, confiabilidade, desempenho e segurança, tornando-os ideais para aplicações que requerem o processamento de grandes volumes de dados de forma rápida e eficiente.

6.8 Computadores de Cluster e Grid

Os computadores de *cluster* e *grid* são duas formas de computação distribuída que permitem o processamento paralelo de tarefas, aumentando a eficiência e a capacidade de processamento.

Computadores de Cluster

Um *cluster* de computadores é um grupo de computadores interconectados que trabalham juntos como se fossem um único sistema (Buyya & Murshed, 2002). Esses computadores compartilham tarefas e recursos, como memória e capacidade de processamento, para realizar tarefas complexas de maneira mais eficiente do que um único computador poderia fazer.

Os *clusters* são comumente usados em ambientes que requerem alta disponibilidade e confiabilidade, como servidores *web*, bancos de dados e aplicações científicas (Pfister, 1998). Eles também são usados para melhorar o desempenho, permitindo que as tarefas sejam divididas e processadas em paralelo.

Os *clusters* podem ser configurados de várias maneiras, dependendo das necessidades específicas. Por exemplo, um *cluster* de *failover* é projetado para que, se um nó falhar, outro nó possa assumir suas tarefas sem interrupção. Em contraste, um *cluster* de balanceamento de carga distribui as tarefas uniformemente entre os nós para maximizar a eficiência.

Computadores de Grid

A computação em *grid* é uma forma de computação distribuída que envolve a combinação de recursos de computadores geograficamente dispersos para atingir um objetivo comum (Foster & Kesselman, 2004). Diferentemente dos *clusters*, que geralmente consistem em máquinas homogêneas localizadas fisicamente próximas umas das outras, uma *grid* pode incluir uma variedade de tipos de máquinas, sistemas operacionais e redes.

A computação em *grid* é frequentemente usada para tarefas que requerem uma grande quantidade de recursos de computação, como simulações científicas, análise de dados em grande escala e renderização de gráficos 3D (Foster, 2002). Ela permite que os pesquisadores aproveitem a capacidade de processamento de milhares de computadores ao redor do mundo.

Um exemplo famoso de computação em *grid* é o projeto SETI@home, que usa a capacidade de processamento inativa de computadores pessoais ao redor do mundo para analisar dados de rádio na busca por inteligência extraterrestre.

Em resumo, tanto os computadores de *cluster* quanto os de *grid* oferecem maneiras de aumentar a capacidade de processamento e realizar tarefas complexas de maneira mais eficiente. Embora eles compartilhem algumas semelhanças, eles são adequados para diferentes tipos de tarefas e têm diferentes requisitos de configuração e gerenciamento.

6.9 Computadores de Nevoeiro e Borda (Fog e Edge Computing)

A computação em nuvem revolucionou a maneira como armazenamos e processamos dados, permitindo que os usuários acessem recursos de computação praticamente ilimitados sob demanda. No entanto, à medida que mais dispositivos se tornam conectados e a quantidade de dados gerados aumenta, surgiram novos paradigmas para lidar com esses desafios: a computação de nevoeiro (*fog computing*) e a computação de borda (*edge computing*).

Computação de Nevoeiro (Fog Computing)

A computação de nevoeiro, um termo cunhado pela Cisco, refere-se a uma arquitetura de computação distribuída que estende a computação em nuvem para a borda da rede (Bonomi *et al.*, 2012). Em vez de enviar todos os dados para a nuvem para processamento, a computação de nevoeiro processa os dados mais perto de onde eles são gerados, seja em um dispositivo de borda, um nó de rede ou um *gateway*.

A computação de nevoeiro pode reduzir a latência, melhorar a eficiência do uso da banda e aumentar a privacidade e a segurança, processando dados sensíveis localmente em vez de transmiti-los para a nuvem (Yi *et al.*, 2015).

Computação de Borda (Edge Computing)

A computação de borda é um paradigma semelhante que envolve o processamento de dados perto de sua fonte, ou "na borda" da rede. A computação de borda é frequentemente associada à Internet das Coisas (IoT), onde os dispositivos de borda, como sensores e atuadores, geram grandes volumes de dados (Shi *et al.*, 2016).

A computação de borda permite que esses dispositivos processem, analisem e armazenem dados localmente, reduzindo a necessidade de comunicação constante com a nuvem. Isso pode resultar em melhor desempenho, menor latência e maior privacidade e segurança (Satyanarayanan, 2017).

Ambos, a computação de nevoeiro e a de borda, representam uma mudança em direção a uma arquitetura de computação mais descentralizada e distribuída. Eles oferecem a promessa de melhorar a eficiência e a eficácia do processamento de dados em um mundo cada vez mais conectado.

6.10 Considerações Finais sobre Tipos de Computadores

Ao longo deste capítulo, exploramos a diversidade e a evolução dos tipos de computadores, desde os *mainframes* robustos e confiáveis até os revolucionários computadores quânticos, passando pelos sistemas distribuídos de *clusters*, *grids* e as emergentes arquiteturas de nevoeiro e borda.

Cada tipo de computador tem suas próprias forças, fraquezas e aplicações ideais. Os *mainframes*, por exemplo, continuam sendo a espinha dorsal de muitas infraestruturas de TI devido à sua confiabilidade e capacidade de processar grandes volumes de transações. Os computadores quânticos, embora ainda estejam em seus estágios iniciais, prometem revolucionar campos como criptografia e simulação de sistemas quânticos.

Os computadores de *cluster* e *grid* demonstram o poder da computação distribuída, permitindo que tarefas complexas sejam divididas e processadas em paralelo. A computação de nevoeiro e borda, por sua vez, representa uma mudança em direção a uma arquitetura de computação mais descentralizada, trazendo o processamento de dados para mais perto de onde eles são gerados.

No entanto, é importante lembrar que esses diferentes tipos de computadores não são mutuamente exclusivos. Em muitos casos, eles podem ser usados em conjunto para criar soluções de TI híbridas. Por exemplo, uma empresa pode usar *mainframes* para suas operações críticas de negócios, *clusters* para aplicações de alto desempenho, computação em nuvem para escalabilidade e flexibilidade, e computação de borda para processar dados de dispositivos IoT.

Em conclusão, a diversidade dos tipos de computadores reflete a diversidade dos problemas que precisamos resolver. Ao entender as características e capacidades de cada tipo de computador, podemos escolher a ferramenta certa para cada tarefa e aproveitar ao máximo a tecnologia da informação.

7. COMPUTADOR COMO MÁQUINA MULTINÍVEL

À medida que avançamos em nossa jornada pelo fascinante mundo da computação, chegamos a um conceito que é fundamental para entender a complexidade e a eficiência dos sistemas computacionais modernos: a máquina multinível.

Este capítulo irá desvendar a estrutura hierárquica que está por trás dos computadores que usamos todos os dias. Vamos explorar como essa estrutura de múltiplos níveis permite aos desenvolvedores e usuários interagir com sistemas complexos de maneira mais simples e eficiente.

No subtítulo 7.1, começaremos com uma introdução à máquina multinível, estabelecendo a base para uma compreensão mais profunda de como a computação moderna é estruturada e como ela opera. Prepare-se para mergulhar em um nível mais profundo de compreensão da arquitetura de computadores.

7.1 Introdução à Máquina Multinível

A computação moderna é frequentemente descrita como uma máquina multinível, uma estrutura hierárquica de abstrações que permite aos desenvolvedores e usuários interagir com sistemas complexos de maneira mais simples e eficiente (Tanenbaum; Bos, 2014).

A ideia de uma máquina multinível é fundamental para a arquitetura de computadores. Ela representa a organização de um sistema computacional em diferentes níveis de abstração, cada um construído sobre o anterior. Esses níveis vão desde o hardware físico até a interface do usuário final, passando por vários níveis de software no meio (STALLINGS, 2016).

No nível mais baixo, temos o hardware físico - os circuitos e dispositivos eletrônicos que compõem o computador. Este é o nível onde os sinais elétricos são processados e a computação real acontece (Mano; Kime, 2004).

Acima do hardware, temos o nível de Microarquitetura. Este nível lida com a implementação física do conjunto de instruções e como as instruções são executadas. Ele abrange aspectos como *pipeline* de instruções, previsão de ramificação e paralelismo a nível de instrução (Hennessy; Patterson, 2011).

O próximo nível é o da Interface de Conjunto de Instruções (ISA). A ISA serve como a fronteira entre o software e o hardware, definindo as instruções que o hardware pode executar. Ela abstrai os detalhes da Microarquitetura, permitindo que os programadores se concentrem em escrever código eficiente sem se preocupar com os detalhes de implementação do hardware (Tanenbaum; Bos, 2014).

Acima do nível ISA, temos a linguagem de montagem. Esta é uma representação de baixo nível do código de máquina que é mais legível para os humanos. Cada instrução em linguagem de montagem corresponde diretamente a uma instrução no conjunto de instruções do processador (ISA). No entanto, a linguagem de montagem ainda é considerada uma linguagem de baixo nível porque está muito próxima do hardware e não oferece muitos dos recursos de alto nível encontrados nas linguagens de programação modernas.

Acima da linguagem de montagem, temos o nível do Sistema Operacional. Este nível abstrai os detalhes do hardware e fornece uma interface mais amigável para os programadores. Ele gerencia os recursos do sistema, como a memória e os dispositivos de entrada/saída, e fornece serviços como agendamento de tarefas e gerenciamento de arquivos (Silberschatz; Galvin; Gagne, 2013).

Acima do sistema operacional, temos o nível de linguagem de programação. Este nível permite aos programadores escreverem código em uma linguagem que é muito mais fácil de entender e manipular do que a linguagem de montagem. As linguagens de programação modernas oferecem uma variedade de recursos de alto nível, como controle de fluxo, estruturas de dados e orientação a objetos, que permitem aos programadores expressar algoritmos complexos de maneira clara e concisa (Sebesta, 2016).

Finalmente, no topo da hierarquia, temos o nível do usuário ou da aplicação. Este é o nível que os usuários finais interagem diretamente. Ele inclui a interface gráfica do usuário, os aplicativos e os serviços da *web* que usamos todos os dias. Este nível abstrai todos os detalhes dos níveis inferiores e fornece uma interface intuitiva e fácil de usar para os usuários (Shneiderman; Plaisant; Cohen; Jacobs; Elgui, 2016).

Temos a seguir um quadro representando os conceitos apresentados.

Quadro 1: Conceitos e exemplos

Nível	Descrição	Exemplo
Hardware Físico	Este é o nível onde os sinais elétricos são processados e a computação real acontece.	Transistores, circuitos, CPU, memória RAM
Microarquitetura	Este nível lida com a implementação física do conjunto de instruções e como as instruções são executadas.	Pipeline de instruções, previsão de ramificação

Nível	Descrição	Exemplo
Interface de Conjunto de Instruções (ISA)	A ISA serve como a fronteira entre o software e o hardware, definindo as instruções que o hardware pode executar.	Código de máquina, por exemplo, um código binário que representa a instrução de adição
Linguagem de Montagem	Esta é uma representação de baixo nível do código de máquina que é mais legível para os humanos. Cada instrução em linguagem de montagem corresponde diretamente a uma instrução no conjunto de instruções do processador (ISA).	Código Assembly: MOV AL, 61h (Move o valor hexadecimal 61 para o registrador AL)
Sistema Operacional	Este nível abstrai os detalhes do hardware e fornece uma interface mais amigável para os programadores.	Comandos do sistema operacional como ls (listar diretório) no Linux, dir no Windows
Linguagem de Programação	Este nível permite aos programadores escreverem código em uma linguagem que é muito mais fácil de entender e manipular do que a linguagem de montagem.	Código Python: print ("Olá, mundo!")
Usuário ou Aplicação	Este é o nível que os usuários finais interagem diretamente. Ele inclui a interface gráfica do usuário, os aplicativos e os serviços da web que usamos todos os dias.	Aplicativos como Word, Excel, navegadores de internet

Fonte: Próprio autor

A máquina multinível é, portanto, uma maneira eficaz de lidar com a complexidade inerente aos sistemas computacionais. Ela permite aos desenvolvedores e usuários se concentrarem no nível de abstração que é mais relevante para suas necessidades, sem se preocuparem com os detalhes dos níveis inferiores.

7.2 Níveis de Abstração em Computação

A abstração é um conceito fundamental na ciência da computação. Cada nível de abstração esconde os detalhes dos níveis abaixo, permitindo que os desenvolvedores se concentrem em resolver problemas em seu nível específico sem se preocupar com os detalhes dos níveis inferiores.

A abstração é um conceito fundamental na ciência da computação. Cada nível de abstração esconde os detalhes dos níveis abaixo, permitindo que os desenvolvedores se concentrem em resolver problemas em seu nível específico sem se preocupar com os detalhes dos níveis inferiores (TANENBAUM; BOS, 2014).

A abstração em computação é semelhante à abstração em qualquer outra disciplina. Assim como um arquiteto não precisa entender a química do concreto para projetar um edifício, um desenvolvedor de software não precisa entender os detalhes do hardware para escrever um programa eficiente. Em vez disso, eles podem se concentrar em resolver o problema em mãos, confiando que os níveis inferiores lidarão com os detalhes (Stallings, 2016).

No nível de hardware físico, por exemplo, os engenheiros de hardware se preocupam com questões como a eficiência do circuito e a dissipação de calor. Eles projetam e otimizam os componentes físicos do computador, como a CPU e a memória, para que funcionem de maneira eficiente e confiável (Mano; Kime, 2004).

No nível de microarquitetura, os engenheiros se preocupam com a implementação eficiente do conjunto de instruções. Eles projetam o *pipeline* de instruções, implementam a previsão de ramificação e otimizam o paralelismo a nível de instrução para garantir que o hardware execute as instruções da maneira mais eficiente possível (Hennessy; Patterson, 2011).

Após o nível de Microarquitetura, temos o nível da Interface de Conjunto de Instruções (ISA). Este nível serve como a fronteira entre o software e o hardware, definindo as instruções que o hardware pode executar. A ISA abstrai os detalhes da Microarquitetura, permitindo que os programadores se concentrem em escrever código eficiente sem se preocupar com os detalhes de implementação do hardware (Tanenbaum; Bos, 2014).

Os desenvolvedores neste nível estão preocupados com a otimização do código de máquina para executar de forma eficiente no hardware. Eles precisam entender o conjunto de instruções disponíveis e como usá-las para implementar algoritmos de maneira eficiente. Embora a maioria dos programadores não escreva diretamente o código de máquina, o entendimento da ISA é crucial para a otimização de desempenho e para a escrita de compiladores eficientes.

No nível de sistema operacional, os desenvolvedores se preocupam com a gestão eficiente dos recursos do sistema. Eles projetam algoritmos para agendar tarefas, gerenciar memória e coordenar a entrada e saída de dados, garantindo que o sistema operacional faça o melhor uso possível do hardware subjacente (Silberschatz; Galvin; Gagne, 2013).

No nível de linguagem de programação, os desenvolvedores se preocupam com a expressão eficiente de algoritmos. Eles usam estruturas de controle de fluxo, estruturas de dados e abstrações de alto nível para escrever código que é fácil de entender, manter e otimizar (Sebesta, 2016).

Finalmente, no nível do usuário ou da aplicação, os desenvolvedores se preocupam com a criação de interfaces intuitivas e eficientes para os usuários. Eles projetam interfaces gráficas do usuário, desenvolvem aplicativos e serviços da *web* que são fáceis de usar e atendem às necessidades dos usuários (Shneiderman; Plaisant; Cohen; Jacobs; Elgui, 2016).

Em cada um desses níveis, a abstração permite que os desenvolvedores se concentrem em resolver problemas específicos, sem se preocupar com os detalhes dos níveis inferiores. Isso não apenas torna o desenvolvimento de software mais eficiente, mas também permite que os desenvolvedores criem sistemas mais complexos e poderosos do que seriam possíveis sem a abstração.

7.3 Nível de Hardware: Componentes Físicos

O nível de hardware é o nível mais baixo da máquina multinível e se refere aos componentes físicos do computador, como o processador, a memória e os dispositivos de entrada/saída (Mano; Kime, 2004).

Este nível é onde a computação real acontece. Os transistores no processador alternam entre estados para realizar cálculos, a memória armazena dados para acesso rápido e os dispositivos de entrada/saída permitem a comunicação entre o computador e o mundo exterior.

O processador, ou Unidade Central de Processamento (CPU), é o cérebro do computador. Ele executa as instruções do programa, realizando operações aritméticas e lógicas e controlando o fluxo de execução do programa. A CPU é composta por vários componentes, incluindo a Unidade de Controle, que coordena as atividades da CPU, e a Unidade Lógica e Aritmética, que realiza cálculos (Stallings, 2016).

A memória é onde o computador armazena dados. Existem vários tipos de memória, cada um com suas próprias características de velocidade, capacidade e volatilidade. A memória RAM (Random Access Memory) é a memória principal do computador, usada para armazenar dados e instruções enquanto o computador está funcionando. O armazenamento secundário, como discos rígidos e SSDs, é usado para armazenar dados a longo prazo (Tanenbaum; Bos, 2014).

Os dispositivos de entrada/saída permitem ao computador interagir com o mundo exterior. Os dispositivos de entrada, como teclado e *mouse*, permitem ao usuário inserir dados no computador.

Os dispositivos de saída, como o monitor e a impressora, permitem que o computador apresente dados ao usuário. Além disso, os dispositivos de armazenamento, como discos rígidos e SSDs, permitem que o computador armazene e recupere dados (Silberschatz; Galvin; Gagne, 2013).

No nível de hardware, os engenheiros de hardware se preocupam com questões como a eficiência do circuito, a dissipação de calor e a confiabilidade do sistema. Eles projetam e otimizam os componentes físicos do computador para garantir que eles funcionem de maneira eficiente e confiável.

7.4 Nível de Microarquitetura: Instruções e Operações

O nível de microarquitetura, também conhecido como nível de organização do computador, envolve a implementação do conjunto de instruções do processador. Este nível lida com questões como como as instruções são decodificadas e executadas, e como os dados são movidos dentro do computador (Hennessy; Patterson, 2011).

A microarquitetura é a maneira como um conjunto de instruções é implementado em um design específico do processador. Ela descreve como o processador é organizado, como ele executa instruções, como ele acessa a memória e como ele se comunica com o restante do sistema. A microarquitetura pode variar entre diferentes processadores, mesmo aqueles que implementam o mesmo conjunto de instruções (Stallings, 2016).

Um aspecto importante da microarquitetura é a decodificação de instruções. Quando uma instrução é recebida, ela é primeiro decodificada para determinar que operação deve ser realizada. Isso pode envolver a leitura de operandos da memória, a realização de uma operação aritmética ou lógica, ou a alteração do fluxo de controle do programa (Tanenbaum; Bos, 2014).

Outro aspecto importante é a execução de instruções. Uma vez que a instrução foi decodificada e os operandos foram lidos, a operação é realizada. Isso pode envolver a manipulação de dados na CPU, a escrita de dados na memória, ou a comunicação com um dispositivo de entrada/saída (Mano; Kime, 2004).

A microarquitetura também lida com a movimentação de dados dentro do computador. Isso envolve o transporte de dados entre a CPU e a memória, bem como entre diferentes partes da CPU. A eficiência com que esses dados são movidos pode ter um grande impacto no desempenho geral do sistema (Silberschatz; Galvin; Gagne, 2013).

Em resumo, o nível de microarquitetura é onde o conjunto de instruções do processador é implementado. Ele lida com a decodificação e execução de instruções, bem como a movimentação de dados dentro do computador. A eficiência e a eficácia deste nível têm um impacto direto no desempenho geral do sistema.

7.5 Nível ISA: Instruction Set Architecture

O nível da Interface de Conjunto de Instruções (ISA) é um aspecto crucial da arquitetura de um computador. A ISA serve como a fronteira entre o software e o hardware, definindo as instruções que o hardware pode executar. Ela abstrai os detalhes da Microarquitetura, permitindo que os programadores se concentrem em escrever código eficiente sem se preocupar com os detalhes de implementação do hardware (Tanenbaum; Bos, 2014).

A ISA é o conjunto de instruções que a CPU é capaz de entender e executar. Cada instrução é uma ordem para a CPU realizar uma operação específica, como adicionar dois números, mover dados de um local de memória para outro ou saltar para uma nova localização no programa. A ISA de um computador determina o que o computador pode fazer e como os programas devem ser escritos para que o computador possa executá-los (Stallings, 2016).

As instruções em uma ISA geralmente são classificadas em três categorias: instruções de dados, que manipulam dados; instruções de controle, que alteram o fluxo de execução do programa; e instruções de E/S, que controlam a comunicação com dispositivos de entrada/saída (Mano; Kime, 2004).

A ISA também define o modelo de memória do computador, que determina como a memória é organizada e acessada. Isso inclui o tamanho e o formato dos endereços de memória, o número e o tipo de registradores e a maneira como os dados são alinhados na memória (Hennessy; Patterson, 2011).

Além disso, a ISA especifica o modelo de execução do computador, que determina como as instruções são executadas. Isso pode incluir o número de etapas em um ciclo de instrução, a presença de *pipeline* de instruções ou execução fora de ordem, e o suporte para execução paralela ou simultânea de instruções (Tanenbaum; Bos, 2014).

Em resumo, o nível ISA é onde o software encontra o hardware. Ele define o conjunto de instruções que o hardware pode executar, bem como o modelo de memória e o modelo de execução do computador. A ISA é um aspecto fundamental da arquitetura de um computador, pois determina o que o computador pode fazer e como os programas devem ser escritos para que o computador possa executá-los.

7.6 Nível de Linguagem de Montagem

A linguagem de montagem é um nível de abstração acima do código de máquina e serve como uma ponte entre o código de máquina e as linguagens de programação de alto nível. Cada instrução em linguagem de montagem corresponde diretamente a uma instrução no conjunto de instruções do processador, também conhecido como Interface de Conjunto de Instruções (ISA). Isso significa que a linguagem de montagem é específica para cada tipo de processador (Tanenbaum; Bos, 2014).

A linguagem de montagem é mais legível para os humanos do que o código de máquina, mas ainda está muito próxima do hardware. Por exemplo, uma instrução de montagem pode ser algo como "MOV AL, 61h", que move o valor hexadecimal 61 para o registrador AL. Embora isso ainda seja bastante técnico e de baixo nível em comparação com as linguagens de programação de alto nível, é muito mais fácil de entender do que o código de máquina correspondente (Stallings, 2016).

A linguagem de montagem é usada principalmente para programação de sistemas e tarefas que requerem um controle preciso do hardware. Isso inclui a escrita de *drivers* de dispositivo, rotinas de manipulação de interrupções e código de inicialização do sistema operacional. No entanto, para a maioria das aplicações, as linguagens de programação de alto nível são preferidas devido à sua facilidade de uso e portabilidade (Mano; Kime, 2004).

Embora a linguagem de montagem seja raramente usada para aplicações gerais hoje em dia, ela ainda é uma ferramenta importante para entender como os computadores funcionam em um nível mais profundo. O estudo da linguagem de montagem pode fornecer *insights* valiosos sobre a arquitetura do computador e o funcionamento interno do hardware (Hennessy; Patterson, 2011).

A linguagem de montagem é uma representação direta do código de máquina em termos que são mais fáceis de entender e manipular para os humanos. Cada instrução em linguagem de montagem corresponde a uma única instrução em código de máquina. Por exemplo, a instrução de montagem "ADD R1, R2, R3" pode corresponder à instrução de código de máquina "0001 0010 0011", onde "0001" é o código de operação para a adição e "0010" e "0011" são os números dos registradores (Stallings, 2016).

A linguagem de montagem é usada principalmente para programação de sistemas e tarefas que requerem um controle preciso do hardware. Isso inclui a escrita de *drivers* de dispositivo, rotinas de manipulação de interrupções e código de inicialização do sistema operacional. No entanto, para a maioria das aplicações, as linguagens de programação de alto nível são preferidas devido à sua facilidade de uso e portabilidade (Mano; Kime, 2004).

Embora a linguagem de montagem seja raramente usada para aplicações gerais hoje em dia, ela ainda é uma ferramenta importante para entender como os computadores funcionam em um nível mais profundo. O estudo da linguagem de montagem pode fornecer *insights* valiosos sobre a arquitetura do computador e o funcionamento interno do hardware (Hennessy; Patterson, 2011).

A linguagem de montagem também é uma ferramenta valiosa para a otimização de código. Embora os compiladores modernos sejam muito bons em otimizar o código, ainda há casos em que a programação em linguagem de montagem pode resultar em código mais eficiente. Isso é especialmente verdadeiro para algoritmos críticos para o desempenho, onde cada ciclo de CPU conta (Tanenbaum; Bos, 2014).

Além disso, a linguagem de montagem é frequentemente usada na programação de sistemas embarcados, onde o controle preciso do hardware é necessário. Em tais sistemas, a eficiência e a economia de recursos são de extrema importância, e a linguagem de montagem permite aos programadores escrever código que é extremamente eficiente em termos de uso de memória e ciclos de CPU (Stallings, 2016).

Em resumo, embora a linguagem de montagem possa parecer arcaica em comparação com as linguagens de programação modernas, ela ainda tem um lugar importante na ciência da computação e na engenharia de software. Seja para otimização de código, programação de sistemas embarcados ou simplesmente para obter uma melhor compreensão de como os computadores funcionam, a linguagem de montagem é uma ferramenta valiosa que todo programador deve conhecer (Mano; Kime, 2004).

7.7 Nível de Sistema Operacional: Gerenciamento de Recursos

O nível do sistema operacional é responsável pelo gerenciamento dos recursos do computador, como a memória e os dispositivos de entrada/saída, e fornece uma interface entre o hardware do computador e os programas de aplicativo (Tanenbaum; Bos, 2014).

O sistema operacional é um programa especial que controla e coordena o uso do hardware entre os diferentes programas de aplicativo. Ele tem várias funções importantes, incluindo o gerenciamento de memória, o agendamento de tarefas, o gerenciamento de arquivos e o controle de dispositivos de entrada/saída (Stallings, 2016).

O gerenciamento de memória envolve o controle do uso da memória principal do computador. O sistema operacional é responsável por alocar memória para programas quando eles são iniciados e liberar essa memória quando eles terminam. Ele também deve proteger a memória de cada programa contra interferências de outros programas (Silberschatz; Galvin; Gagne, 2013).

O agendamento de tarefas é o processo de decidir qual programa deve ser executado a seguir. O sistema operacional deve equilibrar a necessidade de executar cada programa de maneira justa e eficiente, enquanto também atende às necessidades dos usuários e às restrições do sistema (Tanenbaum; Bos, 2014).

O gerenciamento de arquivos envolve o controle do armazenamento e recuperação de dados em dispositivos de armazenamento de longo prazo, como discos rígidos e SSDs. O sistema operacional deve organizar os arquivos de maneira eficiente, proteger os dados contra perda e garantir que os arquivos sejam acessíveis quando necessário (Stallings, 2016).

O controle de dispositivos de entrada/saída envolve a coordenação do uso de dispositivos como teclado, *mouse*, impressora e monitor. O sistema operacional deve garantir que os dados sejam transferidos de maneira eficiente e correta entre o computador e esses dispositivos (Silberschatz; Galvin; Gagne, 2013).

Em resumo, o nível do sistema operacional é crucial para o funcionamento eficiente de um computador. Ele gerencia os recursos do sistema, fornece uma interface entre o hardware e os programas de aplicativo e garante que o sistema seja fácil de usar e confiável.

7.8 Nível de Linguagem de Programação: Código de Alto Nível

O nível de linguagem de programação é uma camada de abstração acima da linguagem de montagem e do sistema operacional. As linguagens de programação permitem que os desenvolvedores escrevam programas de maneira mais fácil e intuitiva, sem precisar se preocupar com os detalhes de baixo nível do hardware ou do sistema operacional (Sebesta, 2016).

As linguagens de programação são projetadas para serem de fácil leitura e escrita para os humanos. Elas fornecem uma sintaxe e semântica de alto nível que permitem aos programadores expressar algoritmos complexos de maneira clara e concisa. Por exemplo, em vez de ter que escrever instruções de montagem para adicionar dois números, um programador pode simplesmente escrever "x = y + z;" em uma linguagem de programação de alto nível (Stallings, 2016).

As linguagens de programação também fornecem uma variedade de recursos poderosos que facilitam o desenvolvimento de software. Isso inclui estruturas de controle de fluxo, como *loops* e condicionais, estruturas de dados complexas, como listas e árvores, e conceitos avançados, como orientação a objetos e programação funcional. Esses recursos permitem aos programadores resolver problemas complexos de maneira mais eficiente e eficaz (Sebesta, 2016).

Além disso, as linguagens de programação são geralmente portáveis, o que significa que um programa escrito em uma linguagem de programação de alto nível pode ser executado em diferentes tipos de hardware e sistemas operacionais com poucas ou nenhuma modificação. Isso contrasta com o código de montagem, que é específico para um tipo particular de processador (Tanenbaum; Bos, 2014).

No entanto, apesar de suas vantagens, as linguagens de programação de alto nível também têm suas desvantagens. Por exemplo, eles podem ser menos eficientes do que o código de montagem para certas tarefas, e eles podem ocultar detalhes de baixo nível que podem ser importantes para a otimização do desempenho. Além disso, aprender uma nova linguagem de programação pode ser um desafio, pois cada uma tem sua própria sintaxe e semântica (Stallings, 2016).

Em resumo, o nível de linguagem de programação é uma parte crucial da máquina multinível. Ele fornece uma interface de alto nível que facilita o desenvolvimento de software, permitindo que os programadores se concentrem em resolver problemas em vez de lidar com os detalhes de baixo nível do hardware e do sistema operacional (Sebesta, 2016).

7.9 Nível de Aplicação: Softwares e Aplicações

O nível de aplicação é o nível mais alto da máquina multinível e é onde a interação direta do usuário ocorre. Este nível abrange uma variedade de programas de aplicativo que os usuários usam diariamente para realizar tarefas específicas, como processadores de texto, planilhas, navegadores da *web*, jogos, aplicativos de edição de imagem, softwares de gerenciamento de banco de dados, entre outros (Shneiderman; Plaisant; Cohen; Jacobs; Elgui, 2016).

Os programas de aplicativo são escritos em linguagens de programação de alto nível e são projetados para serem fáceis de usar e entender. Eles fornecem uma interface gráfica do usuário (GUI) que permite aos usuários interagir com o software de maneira intuitiva, usando botões, menus, caixas de diálogo e outros elementos gráficos. Por exemplo, um processador de texto permite que os usuários digitem e formatem texto, enquanto um navegador da *web* permite que os usuários naveguem pela Internet (Shneiderman; Plaisant; Cohen; Jacobs; Elgui, 2016).

Os programas de aplicativo também fornecem uma camada de abstração adicional acima do sistema operacional. Eles abstraem os detalhes de baixo nível do sistema operacional e do hardware, permitindo que os usuários realizem tarefas complexas sem precisar entender como o sistema operacional ou o hardware funciona. Por exemplo, ao salvar um documento em um processador de texto, o usuário não precisa saber como o sistema operacional gerencia o sistema de arquivos ou como os dados são armazenados no disco rígido (Tanenbaum; Bos, 2014).

No entanto, apesar de sua facilidade de uso, os programas de aplicativo também têm suas desvantagens. Eles podem ser menos eficientes do que os programas escritos diretamente para o sistema operacional ou o hardware, e eles podem ser mais propensos a erros devido à sua complexidade. Além disso, eles podem ser menos flexíveis do que os programas de baixo nível, pois são projetados para realizar tarefas específicas e podem não ser adequados para tarefas fora de seu escopo pretendido (Stallings, 2016).

Em resumo, o nível de aplicação é uma parte crucial da máquina multinível. Ele fornece uma interface amigável ao usuário que permite aos usuários realizar tarefas complexas de maneira fácil e intuitiva, sem precisar entender os detalhes de baixo nível do hardware ou do sistema operacional (Shneiderman; Plaisant; Cohen; Jacobs; Elgui, 2016).

7.10 A Importância da Abstração na Computação

A abstração é um conceito fundamental na ciência da computação e é crucial para gerenciar a complexidade inerente aos sistemas de computação. Ela permite que os desenvolvedores se concentrem em resolver problemas em seu nível específico de especialização, sem se preocupar com os detalhes dos níveis inferiores (Tanenbaum; Bos, 2014).

A abstração funciona como uma espécie de "caixa preta", escondendo os detalhes internos e expondo apenas as funcionalidades necessárias para o nível superior. Isso permite que os desenvolvedores trabalhem de maneira mais eficiente, pois eles podem se concentrar em seu próprio trabalho sem precisar entender completamente como os níveis inferiores funcionam (Stallings, 2016).

Por exemplo, um desenvolvedor de aplicativos não precisa entender como o hardware do computador funciona ou como o sistema operacional gerencia a memória e os processos. Em vez disso, eles podem se concentrar em criar uma interface de usuário eficaz e funcionalidades de aplicativo úteis. Da mesma forma, um desenvolvedor de sistemas operacionais pode se concentrar em gerenciar os recursos do sistema e fornecer serviços para aplicativos, sem se preocupar com os detalhes de como as instruções são executadas no nível de hardware (Tanenbaum; Bos, 2014).

A abstração também permite que os sistemas de computação sejam mais flexíveis e adaptáveis. Como cada nível é separado dos outros por uma camada de abstração, é possível modificar ou atualizar um nível sem afetar os outros. Por exemplo, um novo dispositivo de hardware pode ser adicionado a um computador sem a necessidade de alterar o sistema operacional ou os aplicativos, desde que o novo dispositivo siga a mesma interface que o hardware existente (Stallings, 2016).

Em resumo, a abstração é uma ferramenta poderosa que permite aos desenvolvedores lidar com a complexidade dos sistemas de computação. Ela permite que eles se concentrem em suas áreas de especialização, melhora a eficiência e a produtividade e torna os sistemas de computação mais flexíveis e adaptáveis (Tanenbaum; Bos, 2014).

7.11 Considerações Finais sobre a Máquina Multinível

A máquina multinível é uma representação poderosa da computação moderna. Ao entender como os diferentes níveis de abstração se relacionam e interagem, podemos obter uma compreensão mais profunda de como os computadores funcionam e como projetar sistemas de computação eficientes e eficazes.

8. O NÍVEL DE LINGUAGEM DE MONTAGEM (ASSEMBLY)

A linguagem de montagem, comumente conhecida como Assembly, é uma representação de baixo nível para o código de máquina. Ela atua como uma ponte entre a linguagem de programação de alto nível e o código de máquina, permitindo que os programadores escrevam programas que são específicos para uma arquitetura de computador particular. Neste capítulo, exploraremos a essência da linguagem Assembly, sua importância e como ela se integra à arquitetura do computador.

8.1 Introdução à Linguagem de Montagem

A linguagem de montagem, também conhecida como Assembly, é uma ferramenta essencial no mundo da computação, atuando como intermediária entre o código de máquina e as linguagens de programação de alto nível. Enquanto as linguagens de alto nível, como Python ou Java, são projetadas para serem facilmente compreendidas pelos seres humanos, o código de máquina é a linguagem binária que o hardware do computador entende. A linguagem Assembly serve como uma ponte entre esses dois extremos, permitindo que os programadores interajam diretamente com o hardware de um computador sem ter que lidar com a complexidade do código binário (Stallings, 2018).

Ao contrário das linguagens de programação de alto nível, que são geralmente portáveis entre diferentes sistemas, a linguagem Assembly é específica para uma arquitetura de computador particular. Isso significa que o código escrito em Assembly para um sistema não funcionará necessariamente em outro sem modificações significativas. Esta especificidade oferece aos programadores um controle sem precedentes sobre o hardware, permitindo otimizações e operações que seriam difíceis ou impossíveis em linguagens de alto nível (Tanenbaum, 2016).

8.1.1 Linguagens de Programação de Alto Nível vs. Linguagem Assembly: Uma Questão de Portabilidade e Especificidade

Para entender a diferença fundamental entre as linguagens de programação de alto nível e a linguagem Assembly, é útil pensar em linguagens humanas. Imagine que as linguagens de alto nível são como o inglês, uma língua franca amplamente compreendida em muitos países e culturas. Assim como o inglês pode ser entendido em muitos lugares, um programa escrito em uma linguagem de alto nível, como Python ou Java, pode ser executado em diferentes sistemas e plataformas com pouca ou nenhuma modificação. Isso é o que chamamos de "portabilidade".

Agora, imagine a linguagem Assembly como um dialeto regional específico, entendido e falado apenas em uma pequena área geográfica. Assim como esse dialeto é específico para uma região, a linguagem Assembly é específica para uma arquitetura de computador particular. Se você tentar falar esse dialeto em uma região diferente, as pessoas podem não entender você. Da mesma forma, o código escrito em Assembly para, digamos, um processador Intel, não será compreendido ou executado corretamente em um processador ARM sem alterações significativas.

Essa "especificidade" da linguagem Assembly tem suas vantagens e desvantagens. A principal desvantagem é a falta de portabilidade. Você não pode simplesmente pegar um código Assembly escrito para um tipo de máquina e esperar que ele funcione em outra. No entanto, a vantagem é o nível de controle e precisão que oferece.

Por ser tão específica, a linguagem Assembly permite que os programadores "conversem" diretamente com o hardware do computador. Eles podem otimizar o código para aproveitar ao máximo as características e capacidades únicas de uma máquina específica. Isso pode resultar em programas extremamente rápidos e eficientes, algo que pode ser difícil de alcançar com linguagens de alto nível, que são projetadas para serem mais genéricas e abstratas.

Em resumo, enquanto as linguagens de programação de alto nível oferecem a conveniência da portabilidade, a linguagem Assembly oferece a potência da especificidade. Cada uma tem seu lugar no mundo da programação, dependendo das necessidades e objetivos do projeto (Tanenbaum, 2016).

8.1.2 A Relevância da Linguagem Assembly no Mundo Moderno

Para compreender a importância da linguagem Assembly, vamos usar uma analogia. Imagine um carro. A maioria de nós sabe dirigir um carro, mas nem todos entendem como ele funciona internamente. As linguagens de programação de alto nível são como dirigir o carro: você sabe como operá-lo, mas não necessariamente como o motor funciona ou como a transmissão muda as marchas. A linguagem Assembly, por outro lado, é como entender cada componente do carro, desde o motor até os menores parafusos.

Agora, a maioria dos motoristas não precisa saber como o motor funciona para dirigir eficientemente. Da mesma forma, muitos programadores podem criar aplicativos incríveis usando apenas linguagens de alto nível. No entanto, em situações críticas, como quando o carro quebra ou quando você quer otimizar o desempenho do carro para uma corrida, entender o funcionamento interno é crucial.

Da mesma forma, em computação, há situações em que a eficiência máxima é necessária. Por exemplo, em sistemas que controlam equipamentos médicos, aeronaves ou bolsas de valores, cada milissegundo conta. Nestes cenários, o Assembly é frequentemente usado porque permite otimizações que simplesmente não são possíveis com linguagens de alto nível.

Além disso, pense em profissionais que são especialistas em modificar ou "tunar" carros. Eles precisam entender o carro em um nível muito profundo para fazer modificações. Da mesma forma, profissionais que trabalham com segurança cibernética, engenharia reversa (o processo de desmontar algo para entender seu funcionamento) ou desenvolvimento de sistemas operacionais precisam de um conhecimento profundo do Assembly. Isso porque eles estão frequentemente "sob o capô" do software, trabalhando diretamente com o código que controla o hardware.

Em resumo, enquanto a maioria dos programadores pode nunca precisar escrever código em Assembly, sua importância no mundo da computação é inegável. Para certas tarefas e profissões, um entendimento profundo do Assembly não é apenas útil, mas absolutamente essencial (Mano, 2017).

8.2 Evolução da Linguagem de Montagem

A linguagem Assembly, como muitas inovações tecnológicas, é fruto de uma evolução contínua, moldada pelas necessidades e desafios enfrentados pelos pioneiros da computação. Para entender sua trajetória, é essencial olhar para a história dos computadores e as demandas que levaram ao desenvolvimento desta linguagem de baixo nível.

8.2.1 Os Primórdios da Computação: Uma Jornada ao Coração das Primeiras Máquinas

Imagine, por um momento, um mundo sem *smartphones*, *laptops* ou até mesmo calculadoras de bolso. Nos primeiros dias da computação, nas décadas de 1930 e 1940, esse era o cenário. Os computadores da época eram muito diferentes das máquinas compactas e poderosas que temos hoje. Eram gigantes, muitas vezes ocupando salas inteiras, e sua aparência era mais semelhante a grandes armários cheios de fios e luzes piscando do que aos dispositivos elegantes de hoje.

Esses primeiros computadores eram construídos usando relés e válvulas. Os relés são interruptores elétricos que abrem ou fecham circuitos, enquanto as válvulas, ou tubos de vácuo, amplificavam ou modificavam sinais elétricos. Ambos eram componentes essenciais que permitiam que essas máquinas realizassem operações básicas (Cohen, 2010).

Agora, programar essas máquinas não era uma tarefa simples. Não havia teclados, *mouses* ou telas sensíveis ao toque. Em vez disso, os programadores tinham que interagir diretamente com o hardware. Imagine ter que "dizer" ao computador o que fazer ajustando manualmente uma série de interruptores ou inserindo cartões perfurados, que eram cartões de papelão com padrões específicos de furos que representavam instruções para a máquina.

Esses cartões eram lidos por uma máquina, que então interpretava os padrões de furos e executava as instruções correspondentes. Era um processo meticuloso e demorado, exigindo uma atenção incrível aos detalhes. Um único erro em um cartão poderia fazer com que todo o programa falhasse.

Além disso, não havia uma "linguagem de programação" como conhecemos hoje. Em vez de escrever código em uma linguagem compreensível, como Python ou Java, os programadores da época "conversavam" diretamente com o computador em seu código de máquina nativo. Isso significava que eles precisavam entender intimamente o funcionamento interno da máquina e suas operações.

Em resumo, os primórdios da computação foram marcados por máquinas imponentes e métodos de programação trabalhosos. No entanto, foi essa era de experimentação e inovação que lançou as bases para os avanços tecnológicos que desfrutamos hoje. E, embora a programação tenha evoluído muito desde então, devemos muito aos pioneiros que trabalharam com essas primeiras máquinas e moldaram o campo da computação.

8.2.2 A Necessidade de Abstração: Simplificando a Complexidade

Imagine tentar montar um quebra-cabeça de milhares de peças sem ter a imagem da capa como referência. Cada peça, por si só, pode não fazer sentido, e tentar encaixá-las sem um guia seria uma tarefa monumental. Nos primeiros dias da computação, programar era semelhante a esse quebra-cabeça. Cada *bit* de informação, representado por zeros e uns, tinha que ser meticulosamente organizado para criar um programa funcional. Era como tentar montar o quebra-cabeça sem a imagem de referência.

No entanto, à medida que os computadores evoluíram e se tornaram mais complexos, essa abordagem direta e *"bit a bit"* tornou-se cada vez mais desafiadora. Os programadores estavam gastando uma quantidade desproporcional de tempo tentando gerenciar e organizar esses *bits*, em vez de se concentrar na lógica e funcionalidade reais do programa. Era evidente que algo precisava mudar.

A solução? Abstração. Assim como a imagem da capa de um quebra-cabeça oferece uma visão geral que ajuda a orientar a montagem, a abstração na programação permite que os desenvolvedores trabalhem em um nível mais alto, sem se preocupar com os detalhes minuciosos do hardware (Wilkes, 1951).

Foi nesse contexto que surgiu a ideia da linguagem de montagem. Em vez de escrever programas como longas sequências de zeros e uns, os programadores poderiam usar símbolos e mnemônicos – basicamente, abreviações ou códigos curtos que representam instruções mais complexas. Por exemplo, em vez de escrever uma sequência específica de *bits* para instruir o computador a adicionar dois números, um programador poderia simplesmente usar o mnemônico "ADD".

Esses mnemônicos eram muito mais fáceis de ler e entender do que o código de máquina puro. Eles tornaram o processo de programação mais intuitivo e reduziram significativamente a margem de erro. Os programadores agora podiam se concentrar no que queriam que o programa fizesse, em vez de como exatamente o computador deveria fazê-lo.

Em resumo, a introdução da linguagem de montagem foi um marco na história da computação. Ela transformou a programação de uma tarefa tediosa e propensa a erros em um processo mais gerenciável e eficiente. E, ao fazer isso, abriu as portas para os avanços incríveis em software e hardware que vemos hoje.

8.2.3 O Nascimento da Linguagem Assembly: Uma Revolução Silenciosa na Programação

Para entender o impacto revolucionário da linguagem Assembly, vamos primeiro fazer uma viagem no tempo até o final da década de 1940. Imagine um mundo onde a programação de computadores ainda estava em sua infância, e os desafios enfrentados pelos programadores eram imensos.

O Contexto: A Era Pré-Assembly

Antes da introdução da linguagem Assembly, programar era uma tarefa extremamente meticulosa. Os programadores tinham que se comunicar com os computadores usando apenas o código de máquina – uma série de zeros e uns. Cada instrução, cada operação, tinha que ser codificada manualmente nessa linguagem binária. Era um processo demorado, propenso a erros e, francamente, nada intuitivo (Cohen, 2010).

EDSAC: Uma Máquina Pioneira

Em meio a esse cenário, surge o EDSAC, ou Electronic Delay Storage Automatic Calculator. Desenvolvido na Universidade de Cambridge, o EDSAC foi um dos primeiros computadores eletrônicos de propósito geral. Ele representou um salto significativo em termos de capacidade computacional e design (Wilkes, 1951).

Maurice Wilkes: A Visão de um Pioneiro

Maurice Wilkes, o cérebro por trás do EDSAC, percebeu os desafios enfrentados pelos programadores. Ele imaginou um mundo onde a programação poderia ser simplificada, onde os programadores não teriam que se preocupar com os detalhes intrincados do código de máquina. Foi com essa visão em mente que ele introduziu o conceito de uma linguagem de montagem.

A ideia era simples, mas revolucionária: em vez de programar diretamente em código de máquina, os programadores poderiam usar uma série de símbolos e mnemônicos. Estes seriam então convertidos em código de máquina por um programa especial chamado montador. Essencialmente, o montador atuaria como um tradutor, convertendo a linguagem de montagem mais amigável em código de máquina que o computador poderia entender (Laplante, 2001).

O Impacto da Linguagem Assembly

A introdução da linguagem Assembly marcou o início de uma nova era na programação. De repente, os programadores tinham uma ferramenta que tornava seu trabalho mais eficiente e menos propenso a erros. A programação tornou-se mais acessível, abrindo as portas para inovações e desenvolvimentos subsequentes no campo da computação (Stallings, 2018).

Conclusão

O nascimento da linguagem Assembly não foi apenas uma inovação técnica; foi uma mudança paradigmática na forma como abordamos a programação. E, enquanto a tecnologia continuou a evoluir e novas linguagens de programação surgiram, a importância da linguagem Assembly e sua contribuição para o campo da computação permanece inestimável.

8.2.4 A Diversificação da Linguagem Assembly: Uma Resposta à Evolução do Hardware

Para compreender a diversificação da linguagem Assembly, é útil pensar na evolução das línguas humanas. Assim como diferentes regiões do mundo desenvolveram seus próprios idiomas e dialetos, adaptados às suas culturas e histórias únicas, a linguagem Assembly também se diversificou em resposta às diferentes arquiteturas de computadores que surgiram ao longo do tempo.

O Cenário Tecnológico em Mudança

Na década de 1960 e 1970, a indústria de computadores estava em plena efervescência. Empresas como IBM, DEC (Digital Equipment Corporation) e Intel estavam na vanguarda, desenvolvendo suas próprias arquiteturas de computadores. Cada uma dessas arquiteturas tinha suas próprias especificações, design e capacidades (Patterson & Hennessy, 2013).

A Necessidade de Linguagens Específicas

Dada a variedade de hardware disponível, tornou-se evidente que uma única versão da linguagem Assembly não seria suficiente. Assim como um falante de português pode ter dificuldade em entender um dialeto regional específico do português falado em uma parte remota do Brasil, um código Assembly escrito para uma máquina IBM pode não ser compreendido por uma máquina DEC.

Por isso, cada empresa começou a desenvolver sua própria versão da linguagem Assembly, adaptada e otimizada para seu hardware específico. Essas linguagens eram projetadas para aproveitar ao máximo as características e capacidades únicas de suas respectivas máquinas (Tanenbaum, 2016).

Implicações da Diversificação

Esta diversificação teve implicações profundas para os programadores. Por um lado, ofereceu a eles ferramentas poderosas, adaptadas especificamente ao hardware que estavam usando. Isso permitiu otimizações e eficiências que não seriam possíveis com uma linguagem "tamanho único". Por outro lado, também significou que os programadores muitas vezes tinham que aprender várias versões da linguagem Assembly se trabalhassem com diferentes tipos de hardware (Stallings, 2018).

Conclusão

A diversificação da linguagem Assembly é um testemunho da rápida evolução e inovação na indústria de computadores durante o século 20. Reflete a adaptabilidade e resiliência dos programadores, que continuamente aprenderam e se adaptaram às novas tecnologias à medida que surgiam. E, embora as linguagens de programação tenham continuado a evoluir e diversificar, a linguagem

Assembly e sua história oferecem uma janela fascinante para os primeiros dias da computação moderna.

8.2.5 Assembly na Era Moderna

Embora as linguagens de programação de alto nível, como Python, Java e C++, tenham conquistado a preferência dos desenvolvedores devido à sua facilidade de uso e abstração, a linguagem Assembly continua a ser uma ferramenta indispensável em várias áreas da computação. Sua relevância pode ser atribuída a uma série de fatores que vão além da mera nostalgia ou da manutenção de sistemas legados.

Sistemas Embutidos

Um dos domínios onde a linguagem Assembly é amplamente utilizada é o dos sistemas embutidos. Estes sistemas, que vão desde microcontroladores em dispositivos médicos até sistemas de controle em veículos autônomos, muitas vezes requerem um nível de controle sobre o hardware que só pode ser alcançado através da programação em Assembly. A eficiência em termos de uso de recursos e a velocidade de execução são críticas aqui, e Assembly oferece ambas.

Desenvolvimento de Sistemas Operacionais

O desenvolvimento de sistemas operacionais é outra área onde a linguagem Assembly é crucial. Partes do *kernel*, *drivers* de dispositivo e outros componentes de baixo nível frequentemente são escritos em Assembly para otimizar o desempenho e aproveitar recursos específicos do hardware.

Segurança Cibernética

Com a crescente importância da segurança cibernética, a linguagem Assembly tornou-se uma ferramenta valiosa para engenheiros reversos e pesquisadores de segurança. O entendimento profundo do código de máquina permite que esses profissionais analisem *malwares*, explorem vulnerabilidades e desenvolvam defesas mais robustas contra ataques cibernéticos.

Otimização de Desempenho

Em aplicações que exigem o máximo de desempenho, como jogos de alta definição, simulações científicas e análise de dados em grande escala, trechos críticos do código podem ser escritos em Assembly para acelerar a execução.

Educação e Pesquisa

A linguagem Assembly também é usada em ambientes acadêmicos e de pesquisa para ensinar os fundamentos da arquitetura de computadores e sistemas operacionais. Ela oferece uma visão íntima do funcionamento interno do hardware, algo que as linguagens de alto nível não podem fornecer.

8.2.6 Conclusão

A linguagem Assembly é um testemunho da evolução da computação. Ela nasceu da necessidade de tornar a programação mais acessível e continua a desempenhar um papel vital na era moderna da computação, adaptando-se às mudanças necessidades e desafios da indústria.

Em resumo, a linguagem Assembly continua a desempenhar um papel vital na era moderna da computação. Ela oferece um nível de controle e eficiência que é difícil de replicar com linguagens de programação de alto nível. Enquanto as linguagens de alto nível continuam a dominar o cenário de desenvolvimento de software, a importância da linguagem Assembly e sua aplicação em áreas críticas.

8.3 Componentes Básicos da Linguagem Assembly

A linguagem Assembly é uma linguagem de programação de baixo nível que serve como uma interface entre o software e o hardware de um computador. Ela é usada para programar microcontroladores, sistemas operacionais e até mesmo para otimizações de desempenho. Nesta seção, vamos explorar os componentes básicos da linguagem Assembly: instruções, registros e diretivas.

8.3.1 Instruções: Uma visão geral das instruções comuns em Assembly e como elas são usadas

Instruções em Assembly são comandos que dizem ao processador o que fazer. Cada instrução corresponde a uma operação específica, como adição, subtração, multiplicação, divisão, deslocamento de *bits*, entre outras. Algumas instruções comuns incluem **MOV** para mover dados, **ADD** para adicionar, **SUB** para subtrair e **JMP** para saltar para um novo local no código.

Por exemplo, a instrução **MOV AX, 1** move o valor 1 para o registro AX. Da mesma forma, **ADD AX, BX** adiciona o valor em BX ao valor em AX e armazena o resultado em AX (Knuth, 1997).

É importante notar que as instruções em Assembly são específicas para cada arquitetura de CPU. Portanto, o conjunto de instruções pode variar de um processador para outro (Tanenbaum, 2005).

8.3.2 Registros: Uma exploração dos registros e sua importância na linguagem Assembly

Registros são pequenas áreas de armazenamento dentro da CPU onde os dados podem ser armazenados e manipulados rapidamente. Eles são vitais para a execução de instruções em Assembly. Os registros comuns em uma arquitetura x86 incluem AX, BX, CX, DX, entre outros.

Cada registro tem um propósito específico. Por exemplo, o registro AX é frequentemente usado para operações aritméticas, enquanto o registro BX é usado para endereçamento de memória (Patterson & Hennessy, 2013).

Os registros também podem ser divididos em partes menores para manipulação de dados mais granular. Por exemplo, o registro AX pode ser dividido em AH e AL, onde AH contém os 8 *bits* mais significativos e AL contém os 8 *bits* menos significativos.

8.3.3 Diretivas: Como as diretivas ajudam a controlar o processo de montagem

Diretivas são comandos que fornecem instruções ao montador, mas não são executadas pela CPU. Elas são usadas para declarar variáveis, reservar espaço na memória, definir constantes e controlar o fluxo do programa. Algumas diretivas comuns incluem **DATA** para declarar segmentos de dados, **CODE** para declarar segmentos de código e **END** para indicar o fim do programa (Stallings, 2014).

Por exemplo, a diretiva **ORG** é usada para definir o endereço inicial de um segmento de código ou dados. Da mesma forma, **DB** é usado para declarar uma variável de *byte*, e **DW** é usado para declarar uma variável de palavra.

Em resumo, as diretivas desempenham um papel crucial na organização e estruturação do código Assembly, tornando-o mais legível e gerenciável.

8.4 Montadores e o Processo de Montagem

O desenvolvimento de software em linguagem Assembly é uma tarefa que exige um entendimento profundo do hardware e do sistema operacional subjacentes. No entanto, escrever código Assembly é apenas uma parte do processo. Para que esse código seja executado por um computador, ele deve ser transformado em código de máquina, um formato que a CPU possa entender e executar. É aqui que entram os montadores e o processo de montagem.

8.4.1 O Papel dos Montadores

Um montador é um programa que converte o código Assembly em código de máquina. Ele atua como uma ponte entre o programador e o hardware, traduzindo instruções legíveis por humanos em instruções que a máquina pode executar. O montador também resolve endereços e lida com a alocação de memória, tornando-se uma ferramenta indispensável no desenvolvimento de software de baixo nível (Aho, Sethi & Ullman, 1986).

Os montadores podem ser categorizados em dois tipos principais:

a) **Montadores de Uma Passagem**: Estes montadores fazem uma única leitura do código fonte e geram o código de máquina correspondente. Eles são rápidos, mas podem ser limitados em termos de funcionalidades e flexibilidade (Louden & Lambert, 2011).

b) **Montadores de Duas Passagens**: Estes montadores fazem duas leituras do código fonte. Na primeira passagem, eles coletam informações sobre rótulos e endereços. Na segunda passagem, eles geram o código de máquina. Isso permite uma maior flexibilidade e é mais adequado para programas complexos (Stallings, 2014).

8.4.2 O Processo de Montagem

O processo de montagem pode ser dividido nas seguintes etapas:
a) **Análise Léxica**: O montador lê o código Assembly linha por linha e divide cada linha em seus componentes, como rótulos, instruções e operandos.
b) **Análise Sintática**: O montador verifica a estrutura do código para garantir que ele siga as regras da linguagem Assembly. Erros sintáticos são relatados nesta etapa (Tanenbaum, 2005).
c) **Resolução de Símbolos**: O montador mapeia rótulos e variáveis para endereços de memória. Isso é crucial para a geração de código de máquina preciso.
d) **Geração de Código**: O montador traduz cada instrução Assembly em seu equivalente em código de máquina. Isso é feito usando tabelas de pesquisa que mapeiam instruções Assembly para *opcodes* de máquina (Patterson & Hennessy, 2013).
e) **Otimização**: Alguns montadores avançados também realizam otimizações para melhorar o desempenho do código gerado.
f) **Saída**: O resultado final é um arquivo de código de máquina que pode ser carregado na memória e executado pela CPU.

Importância dos Montadores em Sistemas Embutidos e SOs

Montadores são especialmente importantes em sistemas embutidos e sistemas operacionais, onde o controle preciso do hardware é necessário. Eles permitem que os programadores escrevam código altamente otimizado que é específico para a arquitetura de destino, resultando em desempenho e eficiência superiores (Wolf, 2008).

8.5 Programação em Assembly vs. Programação de Alto Nível

A escolha entre programação em Assembly e programação em linguagens de alto nível é uma decisão crítica que afeta não apenas o desenvolvimento do software, mas também sua manutenção, escalabilidade e desempenho. Ambas têm suas próprias vantagens e desvantagens, e a escolha muitas vezes depende do contexto do projeto. Vamos explorar essas duas abordagens em detalhes.

Vantagens da Programação em Assembly

a) **Controle Detalhado do Hardware**: Assembly permite um controle muito preciso do hardware, o que é crucial em sistemas embutidos e sistemas operacionais (Tanenbaum, 2005).
b) **Otimização de Desempenho**: Com Assembly, é possível escrever código extremamente eficiente em termos de uso de CPU e memória (Patterson & Hennessy, 2013).
c) **Tamanho do Código**: O código Assembly geralmente resulta em programas menores, o que é uma vantagem em sistemas com recursos limitados (Wolf, 2008).

Desvantagens da Programação em Assembly

a) **Complexidade**: Programar em Assembly é complexo e propenso a erros, exigindo um profundo conhecimento do hardware subjacente (Aho, Sethi & Ullman, 1986).
b) **Portabilidade**: O código Assembly é específico para uma arquitetura de CPU, tornando-o não portátil entre diferentes sistemas (Louden & Lambert, 2011).
c) **Manutenção**: Manter e atualizar código Assembly é trabalhoso e requer especialização, o que pode ser caro a longo prazo (Stallings, 2014).

Vantagens da Programação de Alto Nível

a) **Facilidade de Uso**: Linguagens de alto nível são mais fáceis de aprender e usar, permitindo um desenvolvimento mais rápido (Sebesta, 2012).
b) **Portabilidade**: O código escrito em linguagens de alto nível é geralmente portátil entre diferentes sistemas e arquiteturas, especialmente se seguir padrões bem definidos (Deitel & Deitel, 2015).
c) **Manutenção**: É mais fácil manter e atualizar código escrito em linguagens de alto nível, o que reduz o custo total de propriedade do software (Sommerville, 2011).

Desvantagens da Programação de Alto Nível

a) **Desempenho**: O código de alto nível pode não ser tão otimizado quanto o código Assembly, resultando em um desempenho ligeiramente inferior (McConnell, 2004).
b) **Controle de Hardware**: Linguagens de alto nível abstraem muitos detalhes do hardware, o que pode ser uma desvantagem em sistemas que requerem controle preciso dos recursos de hardware (Brooks, 1995).
c) **Dependência de Compiladores**: A qualidade do código de máquina gerado depende da eficácia do compilador usado, o que pode variar (Cooper & Torczon, 2011).

Comparação Prática

Em um projeto que envolve o desenvolvimento de um sistema operacional, por exemplo, é comum usar uma combinação de Assembly e C. Assembly é usado para partes do sistema que interagem diretamente com o hardware, como o *bootloader* e a manipulação de interrupções. C, uma linguagem de alto nível, é usado para implementar funcionalidades de nível superior, como gerenciamento de arquivos e interfaces de usuário.

Conclusão

A escolha entre programação em Assembly e programação em linguagens de alto nível depende de vários fatores, incluindo o domínio do aplicativo, requisitos de desempenho e recursos disponíveis. Enquanto Assembly oferece controle e eficiência, linguagens de alto nível oferecem rapidez de desenvolvimento e manutenção mais fácil.

8.6 Exemplos Práticos de Código Assembly

Nesta seção, exploraremos exemplos práticos de código Assembly para ilustrar sua estrutura e funcionalidades. Os exemplos são baseados na arquitetura x86, uma das mais comuns.

Exemplo 1: Hello World

```
section .data
hello db 'Hello, World!',0

section .text
global _start

_start:
    ; Escrever "Hello, World!" na saída padrão
    mov eax, 4
    mov ebx, 1
    mov ecx, hello
    mov edx, 13
    int 0x80
```

```
;Terminar o programa
mov eax, 1
int 0x80
```

Este exemplo usa a chamada de sistema **write** para escrever a *string* "Hello, World!" na saída padrão.

Exemplo 2: Somar Dois Números

```
section .text
global _start

_start:
    mov eax, 5
    add eax, 3

    ;Terminar o programa
    mov ebx, 0
    mov eax, 1
    int 0x80
```

Neste exemplo, o valor 5 é movido para o registrador **eax**, e então 3 é adicionado a **eax**.

Exemplo 3: Loop Simples

```
section .text
global _start

_start:
    mov ecx, 5

.loop:
    dec ecx
    jz .end

    ; Código do loop aqui
```

```
    jmp .loop

.end:
    ; Terminar o programa
    mov ebx, 0
    mov eax, 1
    int 0x80
```

Este exemplo mostra um *loop* simples que executa 5 vezes.
Exemplo 4: Comparação de Números

```
section .text
global _start

_start:
    mov eax, 5
    cmp eax, 3
    jl .is_less

.is_less:
    ; Código se eax < 3

    ; Terminar o programa
    mov ebx, 0
    mov eax, 1
    int 0x80
```

Este exemplo compara o valor em **eax** com 3 e pula para o rótulo **.is_less** se **eax** for menor que 3.
Exemplo 5: Multiplicação

```
section .text
global _start

_start:
```

```
    mov eax, 5
    mov ecx, 3
    mul ecx

    ;Terminar o programa
    mov ebx, 0
    mov eax, 1
    int 0x80
```

Este exemplo multiplica 5 e 3 usando os registradores **eax** e **ecx**.

Exemplo 6: Divisão

```
section .text
global _start

_start:
    mov eax, 10
    mov ecx, 2
    div ecx

    ;Terminar o programa
    mov ebx, 0
    mov eax, 1
    int 0x80
```

Este exemplo divide 10 por 2 usando os registradores **eax** e **ecx**.

Exemplo 7: Manipulação de Bits

```
section .text
global _start

_start:
```

```
mov eax, 5
or eax, 2

;Terminar o programa
mov ebx, 0
mov eax, 1
int 0x80
```

Este exemplo realiza uma operação OR entre 5 e 2.
Exemplo 8: Subrotinas

```
section .text
global _start

_start:
    call my_subroutine

    ;Terminar o programa
    mov ebx, 0
    mov eax, 1
    int 0x80

my_subroutine:
    ; Código da subrotina aqui
    ret
```

Este exemplo mostra como chamar uma subrotina.
Exemplo 9: Leitura de Entrada

```
section .bss
    input resb 5

section .text
global _start
```

```
_start:
    ; Ler entrada
    mov eax, 3
    mov ebx, 0
    mov ecx, input
    mov edx, 5
    int 0x80

    ; Terminar o programa
    mov ebx, 0
    mov eax, 1
    int 0x80
```

Este exemplo lê até 5 *bytes* da entrada padrão.
Exemplo 10: Manipulação de Strings
```
section .data
    myString db 'Assembly',0

section .text
global _start

_start:
    mov eax, myString
    ; Código para manipular a string

    ; Terminar o programa
    mov ebx, 0
    mov eax, 1
    int 0x80
```

Este exemplo mostra como manipular *strings* em Assembly.

Conclusão

Estes exemplos fornecem uma visão geral das diferentes funcionalidades que você pode implementar em Assembly. Embora Assembly seja uma linguagem de baixo nível e possa ser mais difícil de entender inicialmente, ela oferece um controle muito preciso sobre o hardware e é extremamente eficiente.

8.7 Desafios e Limitações da Programação em Assembly

A programação em Assembly oferece um controle sem precedentes sobre o hardware da máquina, permitindo a otimização de desempenho e a execução de tarefas específicas que seriam difíceis ou impossíveis em linguagens de alto nível. No entanto, essa granularidade vem com seu próprio conjunto de desafios e limitações:

Complexidade e Legibilidade

O código Assembly é notoriamente difícil de ler e entender. Isso torna a manutenção e a depuração de programas escritos em Assembly uma tarefa árdua.

Portabilidade

O código Assembly é específico para a arquitetura do processador. Isso significa que o código escrito para uma arquitetura não funcionará em outra sem modificações significativas.

Tamanho do Código

Programas escritos em Assembly tendem a ser mais longos do que aqueles escritos em linguagens de alto nível, o que pode levar a um aumento no tempo de desenvolvimento.

Falta de Abstrações

Assembly não oferece abstrações de alto nível como *loops*, funções e estruturas de dados complexas. Isso pode tornar o desenvolvimento de programas mais complexos uma tarefa demorada e propensa a erros.

Segurança

A falta de limitações e controles torna o código Assembly mais suscetível a erros que podem levar a falhas de segurança, como estouro de *buffer*.

8.8 Conclusão

Ao longo deste capítulo, exploramos os componentes básicos da linguagem Assembly, o papel dos montadores, e como a programação em Assembly se compara às linguagens de alto nível. Também fornecemos exemplos práticos para ilustrar a estrutura e funcionalidade do Assembly, seguidos pelos desafios e limitações que os programadores enfrentam ao trabalhar com esta linguagem de baixo nível.

A linguagem Assembly continua a ser uma ferramenta vital na era moderna da computação. Ela é frequentemente usada em sistemas embarcados, *drivers* de dispositivo, e em situações onde o desempenho e o controle sobre o hardware são cruciais. Embora as linguagens de alto nível e os *frameworks* continuem a evoluir, oferecendo abstrações cada vez mais poderosas, a necessidade de controle direto sobre o hardware garante que o Assembly permanecerá relevante.

Ao final deste capítulo, esperamos que os leitores tenham adquirido uma compreensão clara e abrangente da linguagem Assembly, sua relevância na arquitetura de computadores modernos e como ela se encaixa no panorama geral da ciência da computação.

9. O SISTEMA OPERACIONAL

O Sistema Operacional (SO) é um componente crítico na arquitetura de qualquer computador moderno. Ele atua como uma interface entre o hardware e os programas de aplicação, gerenciando recursos e fornecendo serviços essenciais para o funcionamento eficiente do sistema. Este capítulo explora os aspectos fundamentais dos sistemas operacionais, sua importância na arquitetura de computadores e como eles interagem com o hardware e o software.

9.1 Funções Básicas de um Sistema Operacional

Após compreendermos a amplitude e a importância das funções básicas de um Sistema Operacional (SO), é crucial focar em aspectos específicos que são vitais para o funcionamento eficiente e eficaz de um sistema computacional. Entre essas funções, o Gerenciamento de Processos se destaca como um pilar fundamental na arquitetura de qualquer SO moderno.

O Gerenciamento de Processos não é apenas uma tarefa isolada, mas sim uma coleção de responsabilidades que o SO assume para garantir que múltiplas operações possam ser realizadas simultaneamente, de forma segura e eficiente. Este tópico, portanto, serve como uma lente de aumento sobre as funções básicas do SO, permitindo-nos entender como os processos são criados, agendados e gerenciados, e como essas atividades se integram ao ecossistema mais amplo do SO.

Assim, ao avançarmos para a seção 9.1.1, exploraremos em detalhes o que exatamente envolve o Gerenciamento de Processos e porque ele é tão crucial para o desempenho e a segurança de sistemas computacionais.

9.1.1 Gerenciamento de Processos

O Sistema Operacional (SO) atua como um intermediário entre o hardware do computador e os programas de aplicação. Uma das funções mais críticas de um SO é o gerenciamento de processos. O SO é responsável por criar, agendar e terminar processos, garantindo que os recursos do sistema sejam utilizados de forma eficiente e justa.

a) Criação de Processos

A criação de processos é uma das tarefas mais fundamentais realizadas por um Sistema Operacional (SO). O processo de criação pode ser iniciado de diversas formas, incluindo a inicialização do sistema, a execução de um programa por um usuário ou a criação de um novo processo por um processo já existente.

- **Inicialização do Sistema**

A fase de inicialização do sistema, comumente referida como "*boot*", representa um marco crucial na operação de qualquer computador. Este é o momento em que o Sistema Operacional (SO) é carregado na memória a partir de um dispositivo de armazenamento, como um disco rígido ou SSD, e assume o controle total do hardware do sistema.

Fases da Inicialização

1. **POST (Power-On Self-Test)**: Antes de o SO assumir o controle, o hardware realiza uma série de testes para veri-

ficar a integridade dos componentes críticos, como CPU, memória e dispositivos de entrada/saída.
2. **Carregamento do Bootloader**: O *bootloader* é um pequeno programa armazenado no *firmware* que é responsável por localizar e carregar o núcleo do SO na memória.
3. **Inicialização do Núcleo**: O núcleo do SO é carregado na memória e começa a inicializar os *drivers* de dispositivo e outros serviços de sistema.

- **Processos de Sistema**

Definição e Características

Os processos de sistema são entidades de software distintas que operam em um nível mais profundo em comparação com os processos de usuário comuns. Eles são iniciados e gerenciados diretamente pelo Sistema Operacional (SO), muitas vezes durante a fase de inicialização do sistema. Estes processos possuem permissões especiais que lhes permitem interagir diretamente com o hardware e acessar áreas de memória protegidas, algo que é geralmente restrito para processos de usuário.

Em sistemas operacionais com interfaces gráficas, como o Microsoft Windows ou o macOS, um dos primeiros processos de sistema a ser iniciado é o gerenciador de janelas. Este processo é responsável por controlar a exibição de janelas, menus e outros elementos gráficos na tela. Ele também gerencia a interação do usuário com o sistema através de dispositivos de entrada como o *mouse* e o teclado (Stallings, 2016).

Nível de Prioridade

Devido à sua importância crítica para o funcionamento estável e eficiente do sistema, os processos de sistema geralmente operam com um nível de prioridade mais elevado. Isso significa que eles têm maior acesso aos recursos do sistema e são menos propensos a serem interrompidos ou preteridos em favor de outros processos.

Funções Essenciais

Os processos de sistema desempenham várias funções vitais, incluindo, mas não se limitando a:
1. **Gerenciamento de Memória**: Eles são responsáveis por alocar e liberar espaço de memória para outros processos, bem como por gerenciar a memória virtual e o cache.
2. **Agendamento de Tarefas**: Estes processos controlam o agendador de tarefas, que decide qual processo de usuário deve ser executado a seguir com base em algoritmos de escalonamento.
3. **Comunicação entre Processos**: Eles facilitam a comunicação e a sincronização entre diferentes processos, seja através de mecanismos de comunicação interprocessual (IPC) ou filas de mensagens.
4. **Gerenciamento de E/S**: Controlam o acesso a dispositivos de entrada e saída, como discos rígidos, teclados e interfaces de rede.
5. **Segurança**: Alguns processos de sistema são dedicados à segurança, gerenciando *firewalls*, controle de acesso e outras medidas de proteção.

Importância

A presença e o funcionamento eficaz dos processos de sistema são fundamentais para a estabilidade do sistema operacional. Uma falha em um desses processos críticos pode levar a uma série de problemas, variando de desempenho reduzido a falhas do sistema.

Conclusão

Os processos de sistema são a espinha dorsal do Sistema Operacional, garantindo que tudo, desde a memória até a segurança, seja gerenciado de forma eficiente e eficaz. Eles são os "trabalhadores silenciosos" que mantêm o sistema funcionando sem problemas, muitas vezes invisíveis para o usuário final, mas indispensáveis para a operação harmoniosa de um computador.

- **Solicitação do Usuário**

Quando um usuário executa um programa, o SO cria um novo processo para essa aplicação. O SO aloca um espaço de endereço para o novo processo e carrega o programa na memória. Além disso, ele configura o contexto do processo, que inclui registradores, variáveis de ambiente e outros estados necessários para a execução do programa (Tanenbaum, 2015).

b) Alocação de Recursos

Introdução e Responsabilidades do SO

A alocação de recursos é uma das funções mais críticas e complexas realizadas pelo Sistema Operacional (SO). Quando um novo processo é criado, seja por solicitação do usuário ou por necessidades do sistema, o SO é encarregado de alocar os recursos necessários para que o processo possa ser executado de forma eficaz.

Tipos de Recursos

Os recursos que precisam ser alocados podem variar, mas geralmente incluem:

1. **Memória RAM**: Espaço na memória principal é reservado para armazenar o código e os dados do processo.
2. **Tempo de CPU**: O processador é alocado para executar as instruções do processo.
3. **Dispositivos de E/S**: Se o processo necessita de acesso a dispositivos como disco rígido, impressora ou rede, o SO gerencia esse acesso.

Algoritmos de Alocação

O SO utiliza uma variedade de algoritmos sofisticados para gerenciar a alocação de recursos. Estes algoritmos têm como objetivo:
1. **Eficiência**: Maximizar o uso dos recursos disponíveis.
2. **Justiça**: Garantir que todos os processos tenham um acesso justo aos recursos.
3. **Prevenção de Condições Anômalas**: Evitar situações como a fragmentação de memória, o esgotamento de recursos e os impasses (*deadlocks*).

Desafios e Soluções

1. **Fragmentação de Memória**: O SO utiliza técnicas como compactação e paginação para minimizar a fragmentação.
2. **Esgotamento de Recursos**: Algoritmos de previsão e quotas são usados para evitar que um único processo consuma todos os recursos disponíveis.
3. **Impasses**: O SO pode usar algoritmos de detecção e recuperação de impasses para resolver ou evitar essas situações.

Conclusão

A alocação de recursos é uma tarefa complexa que requer um gerenciamento cuidadoso por parte do SO. Através do uso de algoritmos avançados e técnicas de gerenciamento, o SO garante que os recursos sejam alocados de forma eficiente e justa, contribuindo para o desempenho geral e a estabilidade do sistema.

c) Estados do Processo

Introdução ao Ciclo de Vida do Processo

O ciclo de vida de um processo é uma série de estados pelos quais ele passa desde sua criação até sua terminação. O Sistema

Operacional (SO) é responsável por gerenciar esses estados e fazer a transição do processo entre eles. Este gerenciamento é crucial para a eficiência e a estabilidade do sistema como um todo.

Estados Comuns do Processo

1. **Novo**: Este é o estado inicial quando um processo é criado. O SO aloca recursos básicos e prepara o processo para entrar na fila de processos prontos para execução.
2. **Pronto**: Neste estado, o processo está na fila, aguardando para ser executado. Ele já possui todos os recursos necessários para a execução, exceto o tempo de CPU.
3. **Em Execução**: O processo está atualmente sendo executado na CPU. Este é o único estado onde o processo realmente realiza suas tarefas.
4. **Bloqueado/Espera**: O processo está esperando por algum evento para ocorrer (como uma operação de E/S ou por recursos adicionais para se tornar disponíveis.
5. **Terminado**: O processo completou sua execução e está aguardando para ser removido da memória.

Transições de Estado

O SO é responsável por fazer a transição do processo entre esses estados. As transições são influenciadas por vários fatores, como:
1. **Disponibilidade de Recursos**: Se a CPU ou outros recursos estão disponíveis, o processo pode passar do estado "Pronto" para "Em Execução".
2. **Prioridade do Processo**: Processos com maior prioridade podem ser movidos mais rapidamente para o estado "Em Execução".
3. **Eventos Externos**: Como operações de E/S, que podem mover o processo para o estado "Bloqueado".

Algoritmos de Escalonamento

O SO utiliza algoritmos de escalonamento para decidir qual processo no estado "Pronto" deve ser movido para "Em Execução" a seguir. Estes algoritmos consideram fatores como prioridade, tempo de espera e outros critérios para fazer uma decisão justa e eficiente.

Conclusão

O gerenciamento dos estados do processo pelo SO é uma tarefa complexa que envolve uma série de decisões críticas. O SO deve equilibrar eficiência, justiça e resposta rápida para garantir um sistema estável e eficaz.

d) Segurança e Isolamento

Introdução à Segurança de Processos

A segurança e o isolamento de processos são aspectos críticos do gerenciamento de processos em um Sistema Operacional (SO). Estas medidas não apenas protegem os dados e recursos do sistema, mas também garantem que os processos não interfiram uns com os outros de maneira prejudicial.

Verificação de Permissões

1. **Autenticação de Usuário**: Antes de criar um novo processo, o SO verifica a identidade do usuário ou do processo solicitante para determinar se ele tem permissão para executar a ação desejada.
2. **Controle de Acesso Baseado em Função**: O SO pode também implementar políticas de controle de acesso que determinam quais ações um processo pode realizar com base no papel ou função do usuário.

3. **Listas de Controle de Acesso (ACLs)**: Estas são usadas para definir quais usuários ou sistemas têm permissão para acessar, modificar ou executar um determinado processo.

Isolamento do Espaço de Memória

1. **Segmentação de Memória**: O SO aloca segmentos de memória distintos para cada processo, garantindo que um processo não possa acessar ou modificar o espaço de memória de outro.
2. **Páginas de Memória Protegidas**: Algumas áreas da memória podem ser marcadas como somente leitura ou inacessíveis para certos processos, fornecendo uma camada adicional de segurança.
3. **Espaços de Endereço Virtuais**: O SO utiliza a virtualização de memória para dar a cada processo a ilusão de que ele é o único processo no sistema, aumentando ainda mais o isolamento.

Mecanismos de Auditoria e Monitoramento

O SO pode registrar eventos relacionados à segurança, como tentativas de acesso não autorizado a um processo ou recursos. Esses registros podem ser usados para auditorias de segurança e para identificar atividades suspeitas.

Conclusão

O SO desempenha um papel crucial na implementação de medidas rigorosas de segurança e isolamento durante a criação e execução de processos. Essas medidas são fundamentais para manter a integridade do sistema e a confidencialidade dos dados, bem como para garantir que os recursos do sistema sejam utilizados de forma eficaz e segura.

e) Agendamento de Processos

Introdução ao Agendamento de Processos

O agendamento de processos é uma das tarefas mais complexas e críticas realizadas por um Sistema Operacional (SO). O objetivo é maximizar o uso dos recursos do sistema, como a CPU, ao mesmo tempo em que se oferece um desempenho responsivo e justo para todos os processos em execução.

Tipos de Algoritmos de Escalonamento

1. **First-Come, First-Served (FCFS)**: Este é o algoritmo mais simples, onde o primeiro processo que chega é o primeiro a ser atendido. No entanto, pode levar ao problema conhecido como "efeito comboio".
2. **Shortest Job Next (SJN)**: Este algoritmo seleciona o processo com o menor tempo de execução estimado a seguir. É eficiente, mas pode levar à inanição de processos mais longos.
3. **Round Robin**: Este algoritmo atribui um quantum de tempo fixo para cada processo em partes iguais e em ordem circular, lidando com todos os processos sem prioridade.
4. **Prioridade**: Neste algoritmo, cada processo é atribuído um nível de prioridade e o de maior prioridade é executado primeiro. No entanto, isso pode levar à inanição de processos de baixa prioridade.
5. **Multinível de Filas**: Este algoritmo divide a fila de prontos em várias filas separadas, cada uma com sua própria estratégia de escalonamento.

Fatores Considerados no Escalonamento

1. **Prioridade**: Alguns processos são mais importantes do que outros e, portanto, têm prioridade mais alta para acesso à CPU.
2. **Tempo de Espera**: O SO tenta minimizar o tempo que um processo passa na fila de prontos.
3. **Uso de Recursos**: O SO pode considerar o uso de outros recursos, como E/S, ao tomar decisões de escalonamento.
4. **Fairness**: O SO deve garantir que cada processo tenha uma oportunidade justa de ser executado.

Avaliação de Desempenho

O SO frequentemente coleta métricas como utilização da CPU, tempo de resposta e tempo de espera para avaliar a eficácia do algoritmo de escalonamento em uso e fazer ajustes conforme necessário.

Conclusão

O agendamento de processos é vital para garantir que o SO utilize os recursos de forma eficiente e justa. A escolha do algoritmo de escalonamento pode ter um impacto significativo no desempenho geral do sistema e na experiência do usuário.

f) Terminação de Processos

Introdução à Terminação de Processos

A terminação de processos é uma função crítica do Sistema Operacional (SO) que ocorre quando um processo completa sua execução ou quando precisa ser interrompido manualmente ou por algum evento específico. A terminação adequada é crucial para manter a estabilidade do sistema e a liberação eficiente de recursos.

Causas de Terminação

1. **Conclusão Normal**: O processo termina após concluir sua execução com sucesso.
2. **Erro Fatal**: Um erro irrecuperável ocorre, forçando o sistema a terminar o processo.
3. **Interrupção Externa**: O usuário ou um administrador de sistema interrompe o processo manualmente.
4. **Dependência de Recursos**: O processo é terminado devido à indisponibilidade de um recurso necessário.
5. **Preempção por Prioridade**: Um processo de maior prioridade necessita dos recursos, levando à terminação do processo atual.

Etapas da Terminação

1. **Desalocação de Recursos**: Todos os recursos alocados ao processo, como memória e arquivos abertos, são liberados.
2. **Remoção da Tabela de Processos**: O processo é removido da tabela de processos do sistema operacional.
3. **Atualização de Contadores e Logs**: Estatísticas e *logs* são atualizados para refletir a terminação do processo.
4. **Notificação**: Outros processos que dependem do processo terminado podem ser notificados da sua terminação.

Liberação de Recursos

- **Memória**: O espaço de memória alocado ao processo é liberado e retornado ao *pool* de memória disponível.
- **Tempo de CPU**: O tempo de CPU alocado ao processo é liberado.
- **Dispositivos de E/S**: Qualquer dispositivo de E/S reservado pelo processo é liberado.

Conclusão

A terminação de processos é uma etapa vital no ciclo de vida do processo e deve ser gerenciada com cuidado para garantir que os recursos sejam liberados adequadamente e que o sistema permaneça estável e eficiente.

g) Execução Concorrente

Em Introdução à Execução Concorrente

Em sistemas operacionais modernos, a execução concorrente de múltiplos processos e *threads* é uma necessidade, não uma opção. Isso permite que várias tarefas sejam realizadas simultaneamente, melhorando a eficiência e a capacidade de resposta do sistema. O Sistema Operacional (SO) desempenha um papel crucial no gerenciamento dessa complexidade.

Tipos de Concorrência

1. **Concorrência de Processos**: Vários processos são executados em paralelo, cada um com seu próprio espaço de memória e recursos.
2. **Concorrência de Threads**: Múltiplas *threads* dentro de um único processo são executadas em paralelo, compartilhando o mesmo espaço de memória.

Mecanismos de Sincronização

1. **Semáforos**: Utilizados para controlar o acesso a recursos compartilhados.
2. **Mutex**: Similar aos semáforos, mas mais simples e eficaz para exclusão mútua.
3. **Variáveis de Condição**: Permitem que *threads* esperem até que uma determinada condição seja atendida.

Comunicação entre Processos

1. **Passagem de Mensagens**: Processos comunicam-se enviando e recebendo mensagens.
2. **Memória Compartilhada**: Processos leem e escrevem em uma área de memória comum.

Desafios na Execução Concorrente

1. **Deadlock**: Situação em que dois ou mais processos estão esperando indefinidamente por um conjunto de recursos.
2. **Starvation**: Um processo é continuamente negligenciado e não obtém os recursos necessários para prosseguir.
3. **Race Condition**: Vários processos ou *threads* acessam e manipulam uma variável compartilhada de forma imprevisível.

Estratégias de Escalonamento

O SO utiliza algoritmos de escalonamento avançados para decidir a ordem de execução dos processos e *threads*, levando em consideração fatores como prioridade, tempo de espera e requisitos de recursos.

O gerenciamento eficaz da execução concorrente é vital para o desempenho e a estabilidade de um sistema multitarefa. O SO deve empregar mecanismos de sincronização e comunicação robustos para garantir que os processos e *threads* sejam executados de forma eficiente e segura.

O gerenciamento de processos é uma das funções mais fundamentais de um Sistema Operacional, garantindo que os recursos do sistema sejam utilizados de forma eficaz e que os processos sejam executados de forma justa e eficiente.

9.1.2 Gerenciamento de Memória

Introdução ao Gerenciamento de Memória

O gerenciamento de memória é uma das funções mais críticas de um Sistema Operacional (SO). Ele é responsável por alocar e desalocar memória para processos e arquivos, garantindo que cada *byte* de memória seja utilizado de forma eficiente e segura. O SO deve manter um equilíbrio entre a utilização de memória e o desempenho do sistema.

Tipos de Memória

9.1.2.1 Memória RAM: Memória de Acesso Aleatório Onde os Processos São Carregados e Executados

Introdução

A Memória de Acesso Aleatório, mais conhecida como Memória RAM, é um dos componentes mais vitais em qualquer sistema computacional. Ela atua como uma espécie de "espaço de trabalho" para o computador, fornecendo armazenamento temporário para dados e programas que estão em execução ou que serão acessados em breve pelo processador (CPU) (Tanenbaum, 2015).

Características da Memória RAM

A Memória RAM é volátil, o que significa que os dados armazenados nela são perdidos quando o sistema é desligado ou reiniciado (Stallings, 2016). Este tipo de memória é diferente da memória de somente leitura (ROM) ou do armazenamento em disco, que são formas de memória não-volátil. A volatilidade da RAM é tanto uma vantagem quanto uma desvantagem. Por um lado, ela permite um acesso mais rápido aos dados, mas por outro, torna-se um risco em casos de falha de energia (Silberschatz, Galvin & Gagne, 2018).

Importância no Sistema Computacional

A quantidade e a qualidade da Memória RAM em um sistema computacional têm um impacto direto no desempenho geral do sistema. Quanto mais RAM um sistema tiver, mais dados e programas podem ser carregados simultaneamente, o que, por sua vez, resulta em um sistema mais eficiente e rápido (Patterson & Hennessy, 2014). Além disso, a RAM é crucial para tarefas que exigem grande quantidade de dados, como edição de vídeo, jogos e simulações científicas.

Processos e Execução

Os processos que estão em execução no sistema são carregados na Memória RAM. Isso é feito para garantir que o processador tenha um acesso mais rápido e eficiente aos dados e instruções necessárias para a execução do processo (Tanenbaum, 2015). O Sistema Operacional é responsável por gerenciar a alocação e desalocação de memória para esses processos, garantindo que a memória seja utilizada de forma eficiente (Silberschatz, Galvin & Gagne, 2018).

Tipos de Memória RAM

Existem diferentes tipos de Memória RAM, como a DRAM (Dynamic RAM) e a SRAM (Static RAM). A DRAM é mais comum e mais barata, mas é mais lenta em comparação com a SRAM, que é mais rápida e mais cara (Stallings, 2016).

Desafios e Soluções Futuras

Com o avanço da tecnologia e o aumento da demanda por desempenho, os fabricantes estão constantemente buscando maneiras de melhorar a eficiência e a capacidade da Memória RAM. Novas arquiteturas e tecnologias, como a DDR4 e a futura DDR5, prometem trazer melhorias significativas nesse sentido.

9.1.2.2 Memória Cache: Armazena Dados Frequentemente Usados para Acesso Rápido

Introdução

A Memória Cache é um tipo de memória volátil de alta velocidade que fornece armazenamento temporário de cópias de dados frequentemente acessados, melhorando assim o desempenho e a eficiência do sistema (Stallings, 2016). Ela atua como um *buffer* entre a Memória RAM e o processador, diminuindo o tempo de acesso aos dados e instruções que são frequentemente usados (Tanenbaum, 2015).

Características da Memória Cache

A Memória Cache é significativamente mais rápida do que a Memória RAM, mas também é mais cara e tem uma capacidade de armazenamento menor. Ela é organizada em diferentes níveis (L1, L2, L3 etc.), cada um com suas próprias características de velocidade e capacidade (Patterson & Hennessy, 2014).

Importância no Sistema Computacional

A presença de uma Memória Cache eficiente pode ter um impacto significativo no desempenho geral do sistema. Ela reduz o tempo que o processador passa esperando pelos dados serem carregados da Memória RAM, permitindo que o sistema execute tarefas mais rapidamente (Silberschatz, Galvin & Gagne, 2018).

Funcionamento e Políticas de Cache

O funcionamento da Memória Cache é gerenciado por políticas de cache como "Least Recently Used" (LRU) e "First-In, First-Out" (FIFO), que determinam quais dados serão armazenados e por quanto tempo (Stallings, 2016). Além disso, técnicas como a pré-busca de dados são usadas para antecipar as necessidades do processador.

Tipos de Memória Cache

Existem diferentes tipos de Memória Cache, como a Cache de Instruções e a Cache de Dados. A primeira é usada para armazenar instruções de programas, enquanto a segunda é usada para armazenar dados que são frequentemente acessados (Patterson & Hennessy, 2014).

Desafios e Soluções Futuras

O principal desafio no design da Memória Cache é encontrar o equilíbrio ideal entre velocidade, capacidade e custo. Novas tecnologias e arquiteturas estão sendo desenvolvidas para superar esses desafios, como caches multicamadas e algoritmos de gerenciamento de cache mais eficientes.

9.1.2.3 Memória Virtual: Espaço em Disco Usado como uma Extensão da Memória RAM

Introdução

A Memória Virtual é uma técnica de gerenciamento de memória que utiliza espaço em disco como uma extensão da memória RAM física. Essa abordagem permite que sistemas operacionais manipulem mais dados e executem programas maiores do que a memória física disponível permitiria (Tanenbaum, 2015).

Características da Memória Virtual

Diferente da Memória RAM e da Memória Cache, a Memória Virtual é uma forma de memória não-volátil. Ela é mais lenta em comparação com a RAM e a Cache, mas oferece a vantagem de fornecer uma capacidade de armazenamento praticamente ilimitada, limitada apenas pelo espaço disponível no disco rígido (Stallings, 2016).

Importância no Sistema Computacional

A Memória Virtual é crucial para a multitarefa e para a execução de programas que requerem uma grande quantidade de memória. Ela permite que o sistema operacional aloque mais memória para processos do que a disponível fisicamente, melhorando assim o desempenho e a eficiência do sistema (Patterson & Hennessy, 2014).

Funcionamento e Gerenciamento

O sistema operacional é responsável pelo gerenciamento da Memória Virtual. Ele faz isso através de técnicas como paginação e segmentação. A paginação divide a memória em blocos de tamanho fixo chamados páginas, enquanto a segmentação divide a memória em segmentos de tamanho variável. Ambas as técnicas são usadas para transferir dados entre a Memória RAM e o espaço de Memória Virtual no disco (Silberschatz, Galvin & Gagne, 2018).

Tipos de Memória Virtual

Existem diferentes abordagens para implementar a Memória Virtual, como a Memória Virtual Paginada e a Memória Virtual Segmentada. Cada uma tem suas próprias vantagens e desvantagens em termos de eficiência e complexidade de gerenciamento (Stallings, 2016).

Desafios e Soluções Futuras

O uso de Memória Virtual apresenta desafios como a latência de acesso e o desgaste do disco rígido devido a operações de leitura e gravação frequentes. No entanto, avanços em tecnologias de armazenamento, como SSDs, e algoritmos de gerenciamento de memória estão sendo desenvolvidos para mitigar esses problemas.

9.1.2.4 Alocação de Memória

Introdução

A alocação de memória é um aspecto crucial do gerenciamento de memória em sistemas computacionais. Ela determina como o espaço de memória é distribuído entre os diferentes processos em execução no sistema. Existem várias estratégias para a alocação de memória, cada uma com suas próprias vantagens e desvantagens (Tanenbaum, 2015).

Alocação Contígua

Na alocação contígua, um bloco contínuo de memória é alocado para um único processo. Esta abordagem é simples e fácil de implementar, mas pode levar a problemas como fragmentação de memória, onde o espaço de memória não utilizado se torna inacessível para outros processos (Stallings, 2016).

Alocação Segmentada

A alocação segmentada divide a memória em segmentos de tamanho variável que podem ser alocados para diferentes processos. Cada segmento contém informações relacionadas, como código, dados ou pilha. Isso permite um uso mais eficiente do espaço de memória e facilita o compartilhamento de informações entre processos (Patterson & Hennessy, 2014).

Alocação Paginada

Na alocação paginada, a memória é dividida em páginas de tamanho fixo que são alocadas conforme necessário. Isso elimina o problema de fragmentação, mas pode resultar em um acesso mais lento aos dados devido ao tempo adicional necessário para localizar a página correta (Silberschatz, Galvin & Gagne, 2018).

Comparação e Uso Combinado

Cada método de alocação tem suas próprias vantagens e desvantagens, e muitos sistemas modernos usam uma combinação dessas técnicas para otimizar o desempenho e a eficiência. Por exemplo, um sistema pode usar alocação segmentada para o código e alocação paginada para os dados (Tanenbaum, 2015).

9.1.2.5 Desalocação de Memória

Introdução

A desalocação de memória é um aspecto fundamental do gerenciamento de memória em sistemas operacionais. Ela ocorre quando um processo é terminado ou um arquivo é fechado, liberando a memória previamente alocada e tornando-a disponível para outros processos (Tanenbaum, 2015).

Responsabilidade do Sistema Operacional

O Sistema Operacional (SO) tem a responsabilidade primária de gerenciar a desalocação de memória. Ele mantém um registro de todos os blocos de memória alocados e é responsável por liberá-los quando não são mais necessários. Isso é crucial para evitar vazamentos de memória e para maximizar a utilização eficiente da memória disponível (Stallings, 2016).

Gerenciamento de Memória Virtual

O SO também gerencia a memória virtual, permitindo que os processos usem mais memória do que a fisicamente disponível. Isso é feito através de técnicas como paginação e segmentação, que também têm implicações na desalocação de memória. Por exemplo, páginas de memória virtual que não são mais necessárias podem ser desalocadas e o espaço correspondente no disco pode ser liberado (Patterson & Hennessy, 2014).

Fragmentação

A fragmentação é um problema comum em sistemas de gerenciamento de memória e pode ser de dois tipos:
1. **Fragmentação Interna**: Este tipo de fragmentação ocorre quando o espaço de memória alocado para um processo é maior do que o necessário. O espaço extra dentro do bloco alocado é desperdiçado e não pode ser usado por outros processos (Silberschatz, Galvin & Gagne, 2018).
2. **Fragmentação Externa**: Este tipo ocorre quando há espaço de memória livre entre blocos alocados, mas esses espaços são muito pequenos para serem úteis para novas alocações. Isso pode exigir uma operação de compactação para tornar esse espaço utilizável novamente (Tanenbaum, 2015).

Estratégias de Desalocação

Diferentes estratégias podem ser empregadas para desalocação de memória, como a coleta de lixo, que é um processo automático que identifica e libera memória que não é mais necessária. Outra estratégia é a desalocação explícita, onde o programador especifica quando um bloco de memória deve ser liberado (Stallings, 2016).

9.1.2.6 Segurança da Memória

Introdução

A segurança da memória é um aspecto crítico do gerenciamento de sistemas operacionais. Ela envolve a implementação de várias medidas para proteger a integridade dos dados e evitar o acesso não autorizado à memória. O Sistema Operacional (SO) desempenha um papel crucial nesse contexto, implementando diversas estratégias de segurança (Tanenbaum, 2015).

Medidas de Segurança Implementadas pelo SO

O SO utiliza várias abordagens para garantir a segurança da memória, incluindo:
1. **Proteção de Páginas**: O SO pode marcar páginas específicas de memória como somente leitura, evitando que sejam modificadas acidental ou maliciosamente (Stallings, 2016).
2. **Proteção de Segmentos**: Similar à proteção de páginas, mas aplicada a segmentos de memória. Isso é particularmente útil em sistemas que utilizam alocação segmentada (Patterson & Hennessy, 2014).
3. **Controle de Acesso**: O SO mantém uma lista de controle de acesso para determinar quais processos têm permissão para acessar determinadas áreas da memória (Silberschatz, Galvin & Gagne, 2018).
4. **Isolamento de Processos**: Cada processo é executado em seu próprio espaço de endereçamento, isolado de outros processos, para evitar interferência e acesso não autorizado (Tanenbaum, 2015).

Importância da Segurança da Memória

A segurança da memória é vital para a integridade do sistema e dos dados. Um acesso não autorizado à memória pode levar a vários problemas, incluindo corrupção de dados, falhas no sistema e vulnerabilidades de segurança. Além disso, pode ser uma porta de entrada para ataques mais sofisticados, como ataques de injeção de código (Stallings, 2016).

Desafios e Soluções Futuras

Garantir a segurança da memória é um desafio contínuo, especialmente com o surgimento de novas formas de ataques e vulnerabilidades. Soluções futuras podem incluir o uso de hardware especializado para segurança da memória e técnicas avançadas de criptografia para proteger os dados armazenados (Patterson & Hennessy, 2014).

9.1.2.7 Monitoramento e Diagnóstico

O Introdução

O monitoramento e diagnóstico da memória são componentes essenciais do gerenciamento de sistemas operacionais. Eles não apenas ajudam a manter o sistema funcionando de forma eficiente, mas também fornecem *insights* valiosos para a otimização e solução de problemas. O Sistema Operacional (SO) desempenha um papel crucial nesse aspecto, mantendo estatísticas detalhadas sobre o uso da memória (Tanenbaum, 2015).

Estatísticas Detalhadas Mantidas pelo SO

O SO coleta uma variedade de dados para monitorar o uso da memória, incluindo:
1. **Uso Total da Memória**: Quantidade de memória atualmente em uso pelo sistema e pelos processos individuais (Stallings, 2016).
2. **Taxas de Falha de Página**: Indicadores de quão frequentemente o sistema precisa buscar dados na memória virtual, o que pode afetar o desempenho (Patterson & Hennessy, 2014).

3. **Fragmentação**: Medidas da fragmentação interna e externa, que podem indicar a eficiência da alocação e desalocação de memória (Silberschatz, Galvin & Gagne, 2018).

Monitoramento para Otimização de Desempenho

As estatísticas coletadas permitem que o SO e os administradores do sistema façam ajustes para otimizar o desempenho. Isso pode incluir a realocação de recursos, ajustes nas políticas de alocação de memória e até mesmo a decisão de adicionar mais memória física ao sistema (Tanenbaum, 2015).

Diagnóstico para Solução de Problemas

Além do monitoramento, as estatísticas também são úteis para diagnosticar problemas. Por exemplo, taxas elevadas de falha de página podem indicar que a memória virtual está sendo excessivamente utilizada, o que pode levar a uma investigação mais aprofundada e ações corretivas (Stallings, 2016).

Conclusão

O gerenciamento eficaz da memória é crucial para o desempenho e a estabilidade de um sistema. O SO deve utilizar algoritmos e técnicas avançadas para garantir que a memória seja alocada e desalocada de forma eficiente, segura e justa. O monitoramento e diagnóstico são ferramentas indispensáveis nesse processo, fornecendo os dados necessários para tomar decisões informadas e implementar melhorias (Patterson & Hennessy, 2014).

9.1.3 Gerenciamento de Arquivos

Introdução

O gerenciamento de arquivos é uma das funções mais fundamentais de um Sistema Operacional (SO). Ele serve como a interface entre o sistema de arquivos físico e os usuários, permitindo operações como criação, exclusão, leitura e escrita de arquivos e diretórios (Tanenbaum, 2015).

Funções do SO no Gerenciamento de Arquivos

O SO desempenha várias funções críticas no gerenciamento de arquivos, incluindo:
1. **Criação de Arquivos**: O SO permite que os usuários criem novos arquivos, especificando atributos como nome, tipo e permissões de acesso (Stallings, 2016).
2. **Exclusão de Arquivos**: O SO também facilita a remoção segura de arquivos, garantindo que nenhum dado residual permaneça no sistema de armazenamento (Patterson & Hennessy, 2014).
3. **Leitura e Escrita**: O SO gerencia o acesso aos arquivos, permitindo operações de leitura e escrita de acordo com as permissões definidas (Silberschatz, Galvin & Gagne, 2018).
4. **Gerenciamento de Diretórios**: Além de arquivos, o SO também gerencia diretórios, que são estruturas usadas para organizar arquivos em um sistema de armazenamento (Tanenbaum, 2015).

Importância do Gerenciamento de Arquivos

O gerenciamento eficaz de arquivos é crucial para a integridade dos dados e para o desempenho geral do sistema. Um sistema de arquivos mal gerenciado pode levar a vários problemas, incluindo perda de dados, corrupção e vulnerabilidades de segurança (Stallings, 2016).

Desafios e Soluções Futuras

O gerenciamento de arquivos enfrenta vários desafios, incluindo a necessidade de suportar múltiplos formatos de arquivo, garantir a segurança dos dados e otimizar o desempenho do sistema de armazenamento. Soluções futuras podem incluir o uso de algoritmos mais eficientes para a alocação de espaço em disco e técnicas avançadas para garantir a segurança dos dados (Patterson & Hennessy, 2014).

Conclusão

O SO é o pilar do gerenciamento de arquivos em qualquer sistema computacional. Ele deve utilizar algoritmos e técnicas avançadas para garantir que os arquivos sejam gerenciados de forma eficiente, segura e justa. O gerenciamento de arquivos não é apenas uma questão de conveniência, mas uma necessidade crítica para a integridade e segurança dos dados (Silberschatz, Galvin & Gagne, 2018).

9.1.4 Gerenciamento de Dispositivos

Introdução

O gerenciamento de dispositivos é uma das funções mais críticas de um Sistema Operacional (SO). O SO atua como uma interface entre o hardware e os programas de aplicação, controlando todos os dispositivos de hardware, como discos rígidos, impressoras e interfaces de rede (Tanenbaum, 2015).

Funções do SO no Gerenciamento de Dispositivos

O SO desempenha várias funções vitais no gerenciamento de dispositivos, incluindo:
1. **Detecção de Hardware**: O SO é responsável por detectar e inicializar novos dispositivos de hardware conectados ao sistema (Stallings, 2016).
2. **Alocação de Recursos**: O SO aloca recursos, como portas de E/S e canais de comunicação, para diferentes dispositivos de hardware (Patterson & Hennessy, 2014).
3. **Controle de Acesso**: O SO gerencia as permissões de acesso aos dispositivos, garantindo que apenas processos autorizados possam interagir com o hardware (Silberschatz, Galvin & Gagne, 2018).
4. **Monitoramento de Desempenho**: O SO mantém estatísticas sobre o uso e desempenho dos dispositivos, o que pode ser útil para diagnóstico e otimização (Tanenbaum, 2015).

Importância do Gerenciamento de Dispositivos

O gerenciamento eficaz de dispositivos é crucial para o desempenho geral e a estabilidade do sistema. Um dispositivo mal gerenciado pode levar a falhas no sistema, perda de dados e vulnerabilidades de segurança. Além disso, pode resultar em um uso ineficiente dos recursos, afetando negativamente o desempenho do sistema (Stallings, 2016).

Desafios e Soluções Futuras

O gerenciamento de dispositivos enfrenta vários desafios, como a compatibilidade entre diferentes tipos de hardware e a necessidade de suportar uma gama crescente de dispositivos. Soluções futuras podem incluir o uso de Inteligência Artificial para otimizar a alocação de recursos e técnicas avançadas para garantir a segurança dos dispositivos (Patterson & Hennessy, 2014).

Conclusão

O SO é fundamental para o gerenciamento eficaz de dispositivos em um sistema computacional. Ele deve utilizar algoritmos e técnicas avançadas para garantir que os dispositivos sejam gerenciados de forma eficiente e segura. O gerenciamento de dispositivos não é apenas uma questão de funcionalidade, mas também uma necessidade crítica para a integridade e segurança do sistema (Silberschatz, Galvin & Gagne, 2018).

9.1.5 Segurança e Acesso

Introdução

A segurança e o acesso são aspectos fundamentais do gerenciamento de sistemas operacionais. O Sistema Operacional (SO) é responsável por garantir a segurança dos dados e recursos do sistema através de várias medidas, incluindo autenticação e controle de acesso (Tanenbaum, 2015).

Funções do SO na Segurança e Acesso

O SO desempenha várias funções críticas para garantir a segurança e o acesso adequado aos recursos do sistema:

1. **Autenticação**: O SO verifica a identidade dos usuários antes de conceder acesso ao sistema. Isso geralmente é feito através de um processo de login que pode incluir um nome de usuário e uma senha, ou métodos mais avançados como autenticação de dois fatores (Stallings, 2016).
2. **Controle de Acesso**: Após a autenticação, o SO usa listas de controle de acesso (ACLs) ou políticas de segurança semelhantes para determinar quais recursos um usuário ou processo pode acessar (Patterson & Hennessy, 2014).
3. **Criptografia**: O SO pode usar criptografia para proteger dados sensíveis, tanto em repouso quanto em trânsito (Silberschatz, Galvin & Gagne, 2018).
4. **Auditoria e Monitoramento**: O SO mantém registros de atividades de segurança, como tentativas de login e acesso a arquivos, para auditoria e monitoramento (Tanenbaum, 2015).

Importância da Segurança e Acesso

A segurança é crucial para proteger informações confidenciais e manter a integridade do sistema. Um sistema inseguro é vulnerável a uma variedade de ataques, incluindo acesso não autorizado, roubo de dados e ataques de negação de serviço (Stallings, 2016).

Desafios e Soluções Futuras

A segurança é um campo em constante evolução, com novas ameaças surgindo regularmente. O SO deve ser atualizado continuamente para defender contra essas ameaças. Soluções futuras podem incluir o uso de Inteligência Artificial para detecção de anomalias e sistemas de autenticação mais robustos (Patterson & Hennessy, 2014).

Conclusão

O SO é um componente crítico na garantia da segurança e acesso adequados aos recursos do sistema. Ele utiliza uma variedade de técnicas e algoritmos para garantir que apenas usuários autorizados tenham acesso aos recursos do sistema e que os dados sejam mantidos de forma segura (Silberschatz, Galvin & Gagne, 2018).

9.2 Tipos de Sistemas Operacionais

O universo dos sistemas operacionais é vasto e diversificado, refletindo a variedade de necessidades e aplicações para as quais os computadores são usados. Desde servidores de grande porte até dispositivos móveis e sistemas embarcados, diferentes tipos de sistemas operacionais foram desenvolvidos para atender a requisitos específicos. Neste contexto, uma distinção fundamental entre os sistemas operacionais é se eles são monotarefa ou multitarefa.

9.2.1 Sistemas Monotarefa e Multitarefa

Introdução

No mundo dos sistemas operacionais, uma das distinções mais fundamentais é entre sistemas monotarefa e multitarefa. Esta classificação é crucial porque define como o sistema operacional gerencia os recursos de processamento e, por extensão, como os usuários interagem com o computador.

Sistemas Monotarefa

Características
Os sistemas monotarefa são projetados para executar uma única tarefa de cada vez. Eles são geralmente mais simples e têm menos camadas de abstração, o que os torna mais rápidos para tarefas específicas.

Aplicações
Esses sistemas são frequentemente usados em ambientes onde a confiabilidade e a eficiência são de extrema importância. Por exemplo, sistemas de controle industrial, dispositivos médicos e sistemas embarcados em automóveis geralmente usam sistemas operacionais monotarefa.

Vantagens e Desvantagens
A principal vantagem é a confiabilidade, pois com apenas uma tarefa sendo executada, há menos chances de falha do sistema. No entanto, a desvantagem é a falta de flexibilidade, já que não é possível realizar múltiplas tarefas simultaneamente.

Sistemas Multitarefa

Características
Os sistemas multitarefa, por outro lado, são projetados para permitir que múltiplas tarefas sejam executadas simultaneamente. Eles fazem isso através de um agendador de tarefas sofisticado que aloca tempo de CPU para diferentes processos de forma justa e eficiente.

Aplicações
Esses sistemas são comuns em computadores pessoais e servidores, onde a capacidade de executar várias tarefas simultaneamente é uma necessidade. Sistemas como Windows, macOS e Linux são exemplos de sistemas operacionais multitarefa.

Vantagens e Desvantagens
A vantagem é a flexibilidade e a capacidade de realizar várias tarefas simultaneamente, o que aumenta a eficiência. No entanto,

isso vem com o custo de uma maior complexidade e potenciais problemas de segurança e confiabilidade.

Conclusão

A escolha entre um sistema monotarefa e um sistema multitarefa dependerá das necessidades específicas do usuário ou da aplicação. Sistemas monotarefa são ideais para tarefas que requerem alta confiabilidade e eficiência, enquanto sistemas multitarefa são mais adequados para ambientes que requerem maior flexibilidade e capacidade de multitarefa.

9.2.2 Sistemas Distribuídos

Introdução

Sistemas distribuídos representam uma evolução na forma como entendemos e utilizamos os sistemas operacionais. Ao contrário dos sistemas operacionais tradicionais, que gerenciam os recursos de um único computador, os sistemas distribuídos coordenam e otimizam os recursos de múltiplos computadores conectados em rede.

Características

Transparência de Localização

Uma das principais características dos sistemas distribuídos é a transparência de localização. Isso significa que os usuários ou aplicações não precisam saber onde fisicamente um recurso (como um arquivo ou um dispositivo de hardware) está localizado na rede.

Escalabilidade

Sistemas distribuídos são altamente escaláveis. Eles podem ser expandidos adicionando mais máquinas à rede sem a necessidade de interromper o serviço ou reconfigurar o sistema existente.

Confiabilidade e Disponibilidade

Devido à sua natureza distribuída, esses sistemas são geralmente mais confiáveis e disponíveis do que sistemas centralizados. Se um nó falhar, o sistema pode redirecionar tarefas para outros nós operacionais.

Aplicações

Sistemas distribuídos são comumente usados em uma variedade de aplicações, desde grandes *data centers* e sistemas de computação em nuvem até redes de sensores e sistemas de controle industrial.

Vantagens e Desvantagens

Vantagens

1. **Alto Desempenho**: A capacidade de executar tarefas em paralelo em vários nós pode levar a um aumento significativo no desempenho.
2. **Flexibilidade**: Os sistemas podem ser ajustados para atender às necessidades específicas de diferentes aplicações.

Desvantagens

1. **Complexidade**: Gerenciar múltiplos nós e garantir a sincronização e a consistência dos dados pode ser complexo.
2. **Custo**: O hardware e o software necessários para configurar e manter sistemas distribuídos podem ser caros.

Conclusão

Sistemas distribuídos oferecem uma solução robusta e escalável para o gerenciamento de recursos em redes de computadores. Eles vêm com seus próprios conjuntos de desafios e complexidades, mas as vantagens em termos de desempenho, confiabilidade e flexibilidade geralmente superam as desvantagens.

9.2.3 Sistemas Embarcados

Introdução

Sistemas embarcados são sistemas operacionais projetados para dispositivos específicos e têm aplicações que vão desde *smartphones* até sistemas de controle industrial (Wolf, 2016).

Características

Otimização de Recursos

Sistemas embarcados são frequentemente otimizados para um conjunto limitado de tarefas e, portanto, são projetados para serem extremamente eficientes em termos de uso de recursos (Marwedel, 2011).

9.2.3.1 Tempo Real em Sistemas Embarcados

Definição e Importância

O conceito de "tempo real" em sistemas embarcados refere-se à necessidade de o sistema responder a estímulos ou eventos externos dentro de um prazo determinado. Este prazo é muitas vezes crítico para o funcionamento adequado do sistema e pode ter implicações significativas para a segurança, eficiência e eficácia do dispositivo ou processo que o sistema está controlando (Laplante, 2011).

Tipos de Sistemas de Tempo Real

A.1) Sistemas de Tempo Real Duro

Nestes sistemas, o não cumprimento dos prazos de tempo real pode resultar em falha catastrófica. Por exemplo, em um sistema de controle de voo de um avião, a falha em processar dados de sensores em tempo real pode ter consequências fatais (Stankovic, 2013).

A.2) Sistemas de Tempo Real Suave

Nestes sistemas, o não cumprimento dos prazos pode degradar o desempenho do sistema, mas não resulta em falha catastrófica. Um exemplo seria um sistema de *streaming* de vídeo, onde o atraso na entrega de pacotes pode resultar em uma qualidade de vídeo inferior, mas não em uma falha do sistema (Buttazzo, 2011).

Desafios e Soluções

O desenvolvimento de sistemas de tempo real apresenta vários desafios, incluindo a necessidade de algoritmos de agendamento eficientes e a garantia de que todas as tarefas críticas sejam concluídas dentro dos prazos estabelecidos. Soluções como o uso de *kernels* de tempo real e técnicas de programação específicas estão sendo desenvolvidas para abordar esses desafios (Burns & Wellings, 2009).

Conclusão

A operação em tempo real é uma característica crucial de muitos sistemas embarcados, exigindo um design cuidadoso e técnicas de programação especializadas para garantir que todos os requisitos de tempo sejam atendidos (Laplante, 2011).

9.2.3.2 Aplicações

Smartphones

Sistemas como Android e iOS são exemplos de sistemas operacionais embarcados projetados para *smartphones* (McKusick *et al.*, 2014).

Sistemas de Controle Industrial

Em indústrias, sistemas embarcados são usados para controlar processos de fabricação e sistemas de automação (Kopetz, 2011).

Vantagens e Desvantagens

Vantagens
1. **Eficiência**: Devido à otimização para tarefas específicas, esses sistemas são geralmente mais eficientes em termos de consumo de energia e uso de recursos (Marwedel, 2011).

Desvantagens
1. **Falta de Flexibilidade**: Sistemas embarcados são menos flexíveis em comparação com sistemas operacionais de propósito geral (Wolf, 2016).

Conclusão

Sistemas embarcados desempenham um papel crucial em muitas áreas, oferecendo eficiência e funcionalidades especializadas para dispositivos e aplicações específicas (Kopetz, 2011).

9.3 Interação com o Hardware

Introdução

A interação com o hardware é uma das funções mais críticas de um Sistema Operacional (SO). O SO serve como uma interface entre o hardware e os programas de aplicação, permitindo um controle eficiente e seguro dos recursos do sistema (Tanenbaum & Woodhull, 2006).

Drivers de Dispositivo

Definição e Função
Drivers de dispositivo são programas especializados que facilitam a comunicação entre o SO e o hardware do sistema. Eles traduzem as instruções de alto nível do SO em comandos que o hardware pode entender (Love, 2005).

Importância
Sem *drivers* de dispositivo adequados, o hardware seria inútil, pois o SO não seria capaz de interagir com ele de forma eficaz. Os *drivers* garantem que o hardware seja utilizado de forma otimizada e segura (Corbet *et al.*, 2005).

Interrupções

Mecanismo de Interrupção
Interrupções são sinais enviados pelo hardware ao processador para indicar que um evento específico ocorreu, como a conclusão de uma operação de E/S. O processador, então, interrompe temporariamente o que está fazendo para tratar dessa interrupção (Silberschatz *et al.*, 2013).

Tipos de Interrupções
1. **Interrupções de Hardware**: Geradas por dispositivos como teclado, *mouse* ou disco rígido (Patterson & Hennessy, 2013).
2. **Interrupções de Software**: Geradas por programas quando necessitam de recursos que só podem ser fornecidos pelo SO (Stallings, 2014).

Segurança e Eficiência

O SO deve garantir que a interação com o hardware seja feita de forma segura, evitando conflitos e garantindo que os recursos sejam alocados e liberados de forma adequada. Além disso, o SO deve otimizar o uso do hardware para garantir um desempenho eficiente (Tanenbaum & Woodhull, 2006).

Conclusão

A interação com o hardware é uma das principais responsabilidades de um SO. Através de *drivers* de dispositivo e mecanismos de interrupção, o SO consegue gerenciar os recursos do sistema de forma eficiente e segura (Silberschatz *et al.*, 2013).

9.4 Virtualização

Introdução

A virtualização é uma tecnologia que permite que múltiplos sistemas operacionais (SOs) sejam executados em um único conjunto de hardware. Isso não apenas melhora a utilização dos recursos, mas também oferece uma série de outras vantagens, como isolamento de aplicações e flexibilidade (Smith & Nair, 2005).

Tipos de Virtualização

9.4.1 Virtualização Completa

Definição e Características

A virtualização completa é um tipo de virtualização em que o hardware do sistema é completamente emulado para cada sistema operacional convidado. Isso significa que o sistema operacional convidado não precisa ser modificado de forma alguma para ser executado na máquina virtual. Ele opera como se estivesse rodando em um hardware físico dedicado (Goldberg & Popek, 1974).

Vantagens

Compatibilidade
Uma das principais vantagens da virtualização completa é a compatibilidade. Como o hardware é completamente emulado, praticamente qualquer sistema operacional pode ser executado sem a necessidade de modificações (Smith & Nair, 2005).

Facilidade de Implantação
A virtualização completa permite uma implantação mais fácil e rápida de sistemas operacionais e aplicativos, já que não requer ajustes no código do sistema operacional convidado (Rosenblum & Garfinkel, 2005).

Desvantagens

Perda de Desempenho
A emulação completa do hardware pode resultar em *overhead* significativo, levando a uma perda de desempenho em comparação com a execução em hardware físico (Adams & Agesen, 2006).

Consumo de Recursos

A emulação de hardware exige mais recursos do sistema, como CPU e memória, o que pode ser um problema em sistemas com recursos limitados (Nelson *et al.*, 2005).

Casos de Uso

A virtualização completa é frequentemente usada em *data centers* e ambientes de nuvem onde a compatibilidade e a facilidade de implantação são mais críticas do que o desempenho puro (Barham *et al.*, 2003).

Conclusão

A virtualização completa oferece uma solução robusta e flexível para a execução de múltiplos sistemas operacionais em um único conjunto de hardware. No entanto, essa flexibilidade vem com o custo de um desempenho potencialmente reduzido e maior consumo de recursos (Goldberg & Popek, 1974).

9.4.2 Paravirtualização

Definição e Características

A paravirtualização é uma técnica de virtualização em que o sistema operacional convidado é modificado para estar ciente que está sendo virtualizado. Isso permite uma comunicação mais eficiente entre o sistema operacional convidado e o sistema operacional *host*, resultando em melhor desempenho em comparação com a virtualização completa (Barham *et al.*, 2003).

Vantagens

Melhor Desempenho

Uma das principais vantagens da paravirtualização é o aumento do desempenho. Como o sistema operacional convidado é consciente da virtualização, ele pode fazer chamadas de sistema mais eficientes, reduzindo o *overhead* (Nelson et al., 2005).

Menor Overhead de CPU e Memória

A paravirtualização geralmente resulta em menor consumo de recursos de CPU e memória, já que elimina a necessidade de emular completamente o hardware (Adams & Agesen, 2006).

Desvantagens

Necessidade de Modificação do SO

Uma desvantagem significativa é que o sistema operacional convidado precisa ser modificado para suportar paravirtualização, o que pode ser um processo complexo e demorado (Smith & Nair, 2005).

Limitações de Compatibilidade

A necessidade de modificar o sistema operacional convidado pode limitar as opções de sistemas operacionais que podem ser usados (Rosenblum & Garfinkel, 2005).

Casos de Uso

A paravirtualização é frequentemente usada em ambientes onde o desempenho é uma preocupação crítica, como em sistemas de alta frequência de negociação ou em servidores de banco de dados de alto desempenho (Barham et al., 2003).

Conclusão

A paravirtualização oferece uma série de vantagens em termos de desempenho e eficiência, mas vem com o custo de maior complexidade e potenciais limitações de compatibilidade (Barham *et al.*, 2003).

9.4.3 Melhor Utilização dos Recursos

Introdução

A virtualização é uma tecnologia que permite uma melhor utilização dos recursos de hardware, como CPU, memória, armazenamento e rede. Ao permitir que múltiplos sistemas operacionais (SOs) compartilhem os mesmos recursos físicos, a virtualização maximiza a eficiência e reduz o desperdício de recursos (Smith & Nair, 2005).

Vantagens

Economia de Custos

Uma das vantagens mais significativas da virtualização é a economia de custos. Ao otimizar a utilização dos recursos, as organizações podem reduzir a necessidade de hardware adicional, economizando em custos de aquisição e manutenção (Rosenblum & Garfinkel, 2005).

Escalabilidade

A virtualização facilita a escalabilidade, permitindo que as organizações adicionem recursos de forma dinâmica conforme a demanda aumenta, sem a necessidade de adquirir hardware adicional (Nelson *et al.*, 2005).

Eficiência Energética

Ao consolidar várias máquinas virtuais em um único servidor físico, a virtualização também contribui para a eficiência energética, reduzindo o consumo de energia e as emissões de carbono (Barham *et al.*, 2003).

Desafios

Gerenciamento de Recursos

Embora a virtualização permita uma melhor utilização dos recursos, ela também apresenta desafios de gerenciamento. A alocação inadequada de recursos pode levar a problemas de desempenho e confiabilidade (Adams & Agesen, 2006).

Isolamento de Recursos

Garantir o isolamento adequado de recursos entre diferentes máquinas virtuais é crucial para manter a segurança e a integridade dos sistemas (Smith & Nair, 2005).

Conclusão

A virtualização oferece uma maneira eficaz de otimizar a utilização dos recursos de hardware, proporcionando benefícios significativos em termos de economia de custos, escalabilidade e eficiência energética. No entanto, também requer um gerenciamento cuidadoso para garantir que os recursos sejam alocados de forma eficiente e segura (Smith & Nair, 2005).

9.4.4 Isolamento e Segurança

Introdução

O isolamento e a segurança são aspectos críticos da virtualização. Cada sistema operacional convidado é isolado do outro, o que significa que se um sistema falhar ou for comprometido, os outros sistemas não serão afetados. Este nível de isolamento é crucial para manter a integridade e a segurança dos sistemas em um ambiente virtualizado (Rosenblum & Garfinkel, 2005).

Vantagens

Segurança Aprimorada
O isolamento entre os sistemas operacionais convidados permite uma segurança aprimorada, já que um ataque a um sistema não afeta os outros sistemas na mesma máquina física (Goldberg & Popek, 1974).

Contenção de Falhas
O isolamento também ajuda na contenção de falhas. Se um sistema operacional convidado falhar, ele não afetará os outros sistemas operacionais em execução na mesma máquina (Smith & Nair, 2005).

Desafios

Gerenciamento de Segurança
Embora o isolamento ofereça um nível adicional de segurança, ele também exige um gerenciamento cuidadoso para garantir que as políticas de segurança sejam consistentemente aplicadas em todos os sistemas operacionais convidados (Adams & Agesen, 2006).

Overhead de Recursos

O isolamento pode resultar em algum *overhead* de recursos, já que cada sistema operacional convidado pode requerer seu próprio conjunto de recursos para manter o isolamento (Nelson *et al.*, 2005).

Conclusão

O isolamento e a segurança são componentes fundamentais da virtualização, oferecendo proteção contra falhas e comprometimentos que poderiam afetar múltiplos sistemas. No entanto, esse nível de segurança vem com seus próprios desafios, incluindo a necessidade de gerenciamento cuidadoso e potencial *overhead* de recursos (Rosenblum & Garfinkel, 2005).

Desafios

9.4.5 Overhead de Desempenho

Introdução

Embora a virtualização ofereça várias vantagens, como melhor utilização dos recursos e maior segurança, ela também pode introduzir *overhead* de desempenho. Este é um aspecto crítico a ser considerado, especialmente em sistemas que requerem acesso de alta velocidade aos recursos de hardware (Adams & Agesen, 2006).

Fatores Contribuintes

Emulação de Hardware

A necessidade de emular hardware para os sistemas operacionais convidados pode resultar em latência adicional e menor *throughput* (Goldberg & Popek, 1974).

Camada de Virtualização

A camada de virtualização entre o hardware e os sistemas operacionais convidados pode introduzir atrasos nas operações de E/S e nas chamadas de sistema (Smith & Nair, 2005).

Impacto

Desempenho de Rede

O *overhead* de desempenho pode afetar significativamente o desempenho da rede, tornando a virtualização menos ideal para aplicações que requerem latência extremamente baixa (Nelson *et al.*, 2005).

Utilização de CPU e Memória

O *overhead* também pode levar a um aumento no uso da CPU e da memória, o que pode ser problemático em sistemas com recursos limitados (Rosenblum & Garfinkel, 2005).

Mitigação

Otimização de Recursos

Técnicas como paravirtualização podem ser usadas para mitigar o *overhead* de desempenho, permitindo uma comunicação mais eficiente entre o sistema operacional convidado e o *host* (Adams & Agesen, 2006).

Conclusão

O *overhead* de desempenho é uma consideração importante na implementação da virtualização. Embora possa ser mitigado até certo ponto, ele permanece como um desafio em sistemas que requerem acesso de alta velocidade aos recursos de hardware (Adams & Agesen, 2006).

9.4.6 Complexidade de Gerenciamento

Introdução

A virtualização, embora benéfica em muitos aspectos, traz consigo uma complexidade de gerenciamento significativa. Gerenciar múltiplos sistemas operacionais (SOs) e suas interações com o hardware subjacente pode ser uma tarefa desafiadora que requer ferramentas de gerenciamento especializadas (Nelson *et al.*, 2005).

Desafios

Monitoramento de Recursos

O monitoramento eficaz dos recursos é crucial para garantir que todos os SOs convidados tenham acesso adequado aos recursos de hardware, como CPU, memória e armazenamento (Adams & Agesen, 2006).

Segurança

A complexidade de gerenciar múltiplos SOs também aumenta os riscos de segurança, já que cada sistema pode ter suas próprias vulnerabilidades e requisitos de segurança (Rosenblum & Garfinkel, 2005).

Atualizações e Manutenção

Manter todos os SOs atualizados e seguros é uma tarefa complexa que requer um planejamento cuidadoso e ferramentas de gerenciamento robustas (Smith & Nair, 2005).

Soluções

Ferramentas de Gerenciamento

O uso de ferramentas de gerenciamento especializadas pode ajudar a simplificar a complexidade associada ao gerenciamento de múltiplos SOs (Nelson *et al.*, 2005).

Automação

A automação de tarefas de gerenciamento, como atualizações e monitoramento de recursos, pode reduzir significativamente a complexidade e o risco de erros humanos (Adams & Agesen, 2006).

Conclusão

A virtualização é uma tecnologia poderosa que oferece melhor utilização dos recursos, segurança e flexibilidade. No entanto, ela vem com seus próprios desafios, como o *overhead* de desempenho e a complexidade de gerenciamento. É crucial abordar esses desafios de forma proativa para aproveitar ao máximo os benefícios da virtualização (Smith & Nair, 2005).

9.5 Desafios e Tendências Futuras

Com o advento da computação em nuvem e da Internet das Coisas (IoT), os sistemas operacionais enfrentam novos desafios e oportunidades.

9.6 Conclusão

O Sistema Operacional é uma parte integral da arquitetura de computadores, desempenhando um papel crucial no gerenciamento de recursos e na operação eficiente do sistema. Com o rápido avanço da tecnologia, os sistemas operacionais continuam a evoluir, oferecendo novas funcionalidades e enfrentando novos desafios.

10. NÍVEL DE ARQUITETURA DO CONJUNTO DE INSTRUÇÕES - ISA

Introdução

O Nível de Arquitetura do Conjunto de Instruções (ISA, do inglês *Instruction Set Architecture*) é uma especificação que descreve os aspectos da arquitetura de computadores que são visíveis para um programador. O ISA serve como a fronteira entre o software e o hardware, fornecendo um conjunto de instruções básicas que o hardware pode executar.

10.1 O que é um Conjunto de Instruções?

Um conjunto de instruções é, essencialmente, a linguagem que o processador de um computador entende. É uma coleção de comandos que a CPU pode interpretar e executar. Cada instrução é uma ordem para a CPU realizar uma operação específica, seja ela aritmética, lógica, de controle ou de acesso à memória.

Um conjunto de instruções é uma lista de todas as instruções que uma determinada CPU pode executar. Essas instruções variam de operações simples, como adição e subtração, a operações mais complexas, como manipulação de *bits* e acesso à memória.

10.2 Características de um Conjunto de Instruções

Técnicas de Otimização: Pipeline Além das operações básicas e do formato das instruções, técnicas avançadas de otimização, como o *"pipeline"*, são implementadas em muitas arquiteturas modernas. O *"pipeline"* permite que a CPU processe várias instruções simultaneamente em diferentes estágios de execução. Isso significa que, enquanto uma instrução está sendo executada, a próxima pode ser decodificada e a instrução subsequente pode ser buscada. Essa sobreposição de operações otimiza o uso dos recursos da CPU, permitindo um processamento mais rápido e eficiente das instruções.

Figura 11 Instruções sendo executadas em pipeline

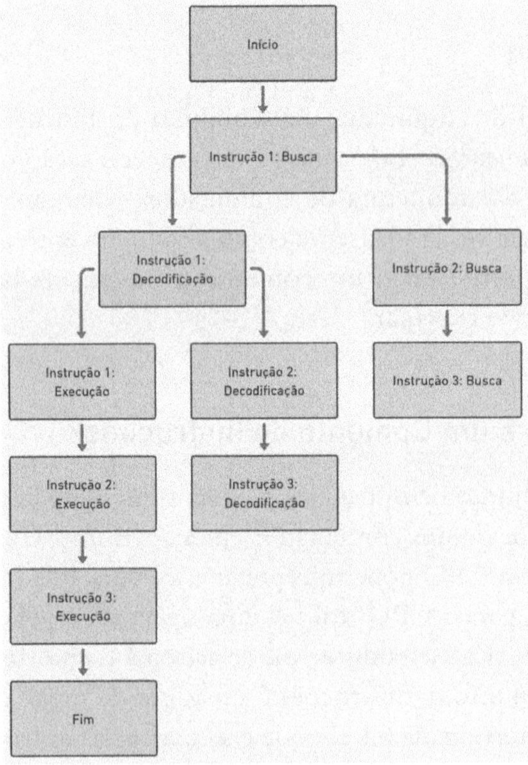

Fonte: Próprio autor

Enquanto a **Instrução 1** está em execução, a **Instrução 2** está sendo decodificada e a **Instrução 3** está sendo buscada.

Isso demonstra a sobreposição de operações, permitindo que a CPU otimize o uso de seus recursos e processe instruções de forma mais rápida e eficiente.

Variedade de Operações: As CPUs modernas são projetadas para executar uma ampla variedade de operações, que vão desde as mais simples até as mais complexas. As operações básicas, como adição e subtração, são fundamentais para qualquer conjunto de instruções e são encontradas em quase todas as arquiteturas de computadores (Patterson & Hennessy, 2013). Estas operações aritméticas são a base para a execução de cálculos mais complexos.

Além das operações aritméticas básicas, as CPUs também são capazes de realizar operações mais avançadas. Por exemplo, a manipulação de *bits*, que envolve operações como AND, OR e NOT, é essencial para operações lógicas e é amplamente utilizada em programação e design de sistemas (Tanenbaum, 2015). As operações de deslocamento, que movem *bits* para a esquerda ou para a direita dentro de um registrador, são úteis em várias aplicações, incluindo a multiplicação e divisão rápida de números inteiros (Stallings, 2016).

As instruções de controle de fluxo, como saltos condicionais e incondicionais, *loops* e chamadas de função, são cruciais para a execução de programas. Elas permitem que a CPU altere a sequência padrão de execução de instruções, proporcionando a flexibilidade necessária para executar programas complexos (Mano & Kime, 2008).

Em resumo, a variedade de operações disponíveis em um conjunto de instruções reflete a complexidade e a capacidade de um sistema computacional. A combinação de operações básicas e avançadas permite que as CPUs modernas executem uma ampla gama de tarefas, desde cálculos simples até aplicações avançadas.

Formato das Instruções: O formato das instruções é uma característica essencial da arquitetura de um computador e descreve a estrutura e a organização das instruções que a CPU pode executar. Em sistemas computacionais, as instruções são frequentemente representadas em formato binário, pois os computadores, em sua essência, são máquinas binárias que interpretam e processam informações em 0s e 1s (Tanenbaum, 2015).

Cada instrução em binário é organizada em campos específicos. Estes campos podem incluir o código de operação (ou *"opcode"*), que especifica a operação a ser realizada, e os operandos, que são os valores ou locais de memória com os quais a operação trabalhará (Patterson & Hennessy, 2013). Por exemplo, em uma instrução aritmética simples, o *opcode* pode indicar uma adição, enquanto os operandos especificam os números a serem somados.

Figura 12 Estrutura dos códigos

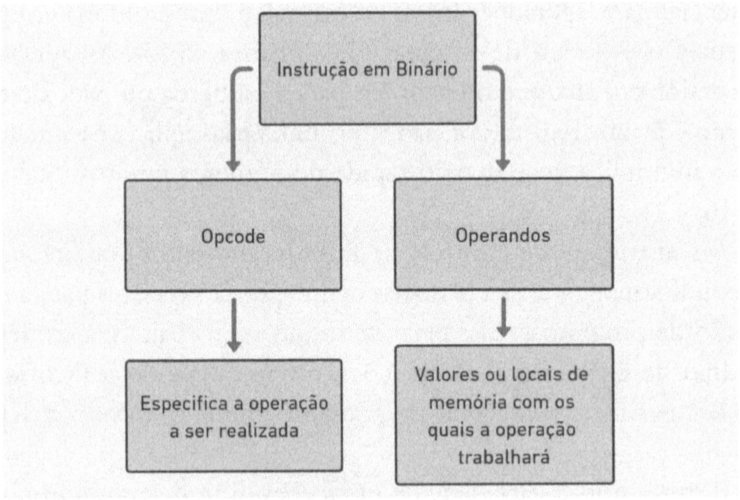

```
                    Instrução em Binário
                    /                  \
                Opcode              Operandos
                   |                    |
        Especifica a operação    Valores ou locais de
           a ser realizada        memória com os
                                 quais a operação
                                    trabalhará
```

Fonte: Próprio autor

A organização e o tamanho desses campos podem variar dependendo da arquitetura do computador. Algumas arquiteturas podem ter instruções de tamanho fixo, enquanto outras podem suportar instruções de tamanho variável (Stallings, 2016). Além disso, o modo como os operandos são endereçados – seja diretamente, indiretamente, ou através de registros – também é definido pelo formato da instrução (Mano & Kime, 2008).

Compreender o formato das instruções é crucial para os designers de sistemas e programadores de baixo nível, pois determina como o software é traduzido em instruções executáveis e como o hardware deve interpretar e executar essas instruções.

Modos de Endereçamento:

Os modos de endereçamento são fundamentais para a operação de uma CPU, pois determinam como as instruções localizam e acessam os operandos necessários para a execução. De acordo com Tanenbaum (2015), o endereçamento é uma parte crucial da arquitetura de um computador, pois influencia diretamente a eficiência e a velocidade com que as operações são realizadas.

Existem diversos modos de endereçamento, e cada um tem suas características e aplicações específicas:

- **Imediato:** Neste modo, o próprio operando é especificado na instrução. É útil para operações que usam constantes, como adicionar um valor fixo a um registrador (Stallings, 2016).

Figura 13 Endereçamento Imediato

```
┌─────────────────┐
│       CPU       │
└────────┬────────┘
         ↓
┌─────────────────┐
│ Recebe Instrução│
└────────┬────────┘
         ↓
┌─────────────────┐
│Identifica Opcode│
└────────┬────────┘
         ↓
┌─────────────────┐
│ Identifica Modo │
│    Imediato     │
└────────┬────────┘
         ↓
┌─────────────────┐
│Extrai Operando da│
│Própria Instrução│
└────────┬────────┘
         ↓
┌─────────────────┐
│Executa Operação │
│Usando o Operando│
└────────┬────────┘
         ↓
┌─────────────────┐
│    Resultado    │
│  armazenado em  │
│  Registrador ou │
│     Memória     │
└─────────────────┘
```

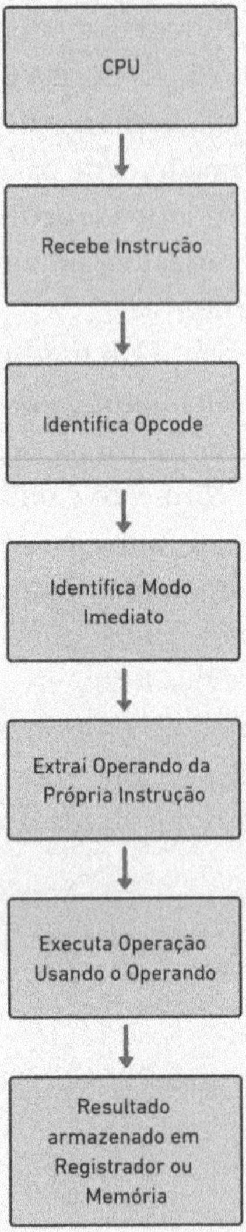

Fonte: Próprio autor

O diagrama apresentado ilustra o conceito do "Modo de Endereçamento Imediato" em sistemas computacionais. No início, temos a CPU, que é o cérebro do computador e responsável por executar instruções. Quando a CPU recebe uma instrução, ela identifica se o modo de endereçamento é imediato. No modo imediato, o próprio operando (ou seja, o valor ou dado com o qual a operação será realizada) é especificado diretamente na instrução, sem a necessidade de buscar esse valor em um local de memória separado.

Após identificar o modo imediato e extrair o operando da instrução, a CPU executa a operação usando esse operando. Por exemplo, se a operação for uma adição, a CPU adicionará o operando a um valor em um registrador. O resultado dessa operação é então armazenado em um registrador ou em um local específico na memória.

O modo de endereçamento imediato é especialmente útil para operações que envolvem constantes ou valores fixos, pois permite que a operação seja realizada rapidamente sem a necessidade de buscar o operando em um local de memória separado.

- **Direto:** O endereço do operando é dado diretamente pela instrução. É um modo simples e direto de acessar a memória (Mano; Kime, 2008).

Figura 14 Endereçamento Direto

```
┌─────────────┐
│     CPU     │
└──────┬──────┘
       ▼
┌─────────────────┐
│ Recebe Instrução│
└──────┬──────────┘
       ▼
┌─────────────────┐
│ Identifica Modo │
│     Direto      │
└──────┬──────────┘
       ▼
┌─────────────────┐
│ Extrai Endereço │
│   da Instrução  │
└──────┬──────────┘
       ▼
┌─────────────────┐
│ Acessa Memória  │
│ Usando o Endereço│
│     Direto      │
└──────┬──────────┘
       ▼
┌─────────────────┐
│ Obtém Operando  │
│   da Memória    │
└──────┬──────────┘
       ▼
┌─────────────────┐
│ Executa Operação│
│ Usando o Operando│
└─────────────────┘
```

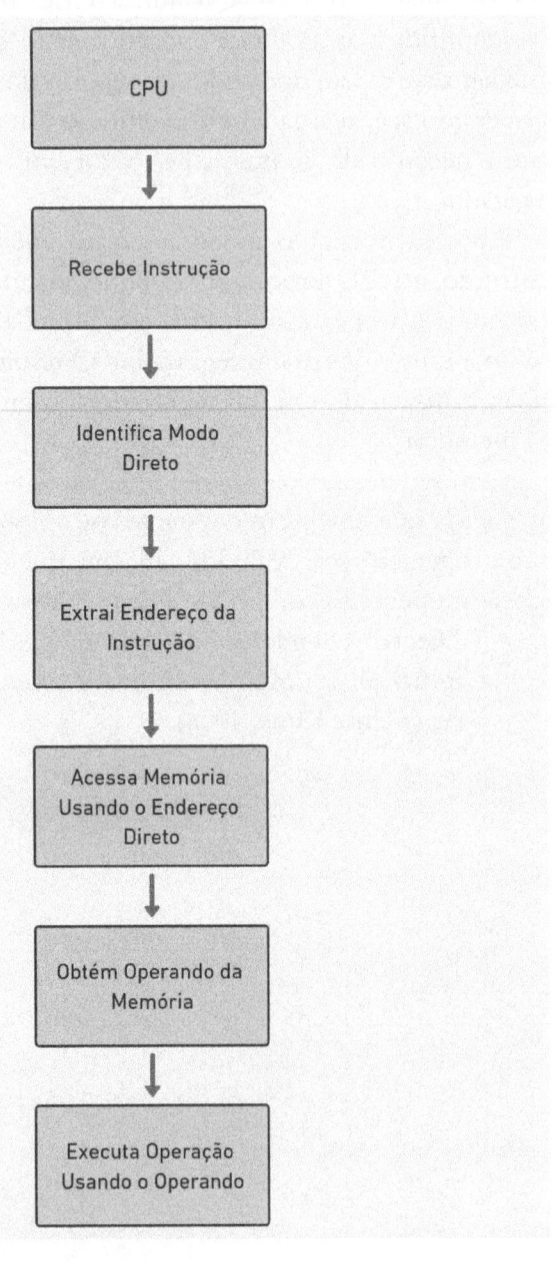

Fonte: Próprio autor

O modo de endereçamento direto é uma técnica utilizada em sistemas computacionais para acessar operandos na memória. Neste modo, o endereço do operando é fornecido diretamente pela instrução, sem a necessidade de cálculos adicionais ou etapas intermediárias. É uma abordagem simples e direta para acessar a memória, tornando o processo de recuperação de dados mais eficiente (Mano; Kime, 2008).

Explicação do Diagrama: O diagrama ilustra o funcionamento do modo de endereçamento direto:
1. **CPU**: Representa o processador central do computador, responsável por executar instruções.
2. **Recebe Instrução**: A CPU recebe uma instrução que contém um endereço direto.
3. **Identifica Modo Direto**: A CPU identifica que a instrução usa o modo de endereçamento direto.
4. **Extrai Endereço da Instrução**: A CPU extrai o endereço do operando diretamente da instrução.
5. **Acessa Memória Usando o Endereço Direto**: Usando o endereço extraído, a CPU acessa a memória para obter o operando.
6. **Obtém Operando da Memória**: O operando é recuperado da memória usando o endereço fornecido.
7. **Executa Operação Usando o Operando**: Com o operando em mãos, a CPU executa a operação desejada.

Em resumo, o diagrama destaca a simplicidade e eficiência do modo de endereçamento direto, onde o endereço do operando é fornecido diretamente pela instrução, permitindo um acesso rápido e direto à memória.

- **Indireto**: A instrução fornece um endereço que aponta para uma localização de memória. Esta localização contém o endereço real do operando. Esse modo é útil para estruturas de dados como listas e árvores (Patterson; Hennessy, 2013).

Figura 15 Endereçamento Indireto

```
         ┌─────────────┐
         │     CPU     │
         └──────┬──────┘
                ↓
      ┌───────────────────┐
      │ Recebe Instrução  │
      │   com Endereço    │
      │      Indireto     │
      └─────────┬─────────┘
                ↓
      ┌───────────────────┐
      │  Identifica Modo  │
      │      Indireto     │
      └─────────┬─────────┘
                ↓
      ┌───────────────────┐
      │  Acessa Memória   │
      │  Usando Endereço  │
      │     Fornecido     │
      └─────────┬─────────┘
                ↓
      ┌───────────────────┐
      │ Obtém Endereço Real│
      │  do Operando da   │
      │      Memória      │
      └─────────┬─────────┘
                ↓
      ┌───────────────────┐
      │  Acessa Memória   │
      │  Usando Endereço  │
      │        Real       │
      └─────────┬─────────┘
                ↓
      ┌───────────────────┐
      │ Obtém Operando da │
      │      Memória      │
      └─────────┬─────────┘
                ↓
      ┌───────────────────┐
      │ Executa Operação  │
      │ Usando o Operando │
      └───────────────────┘
```

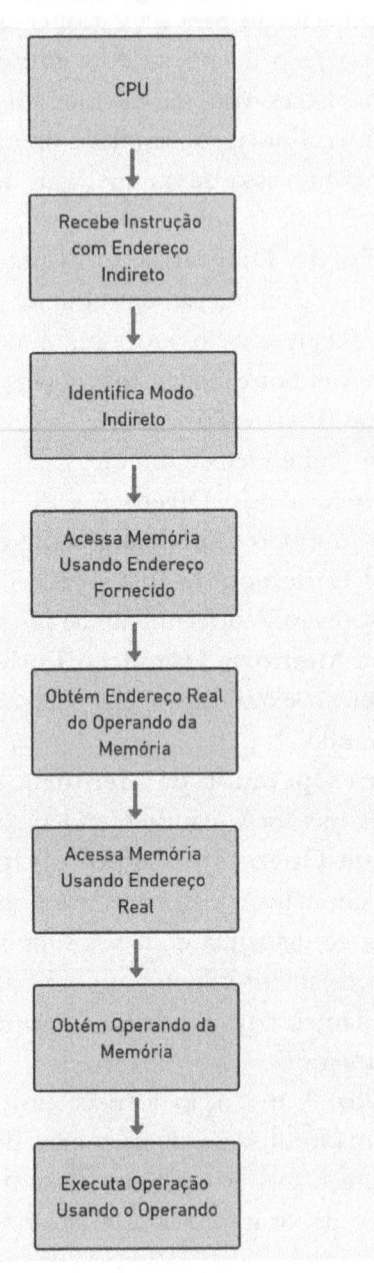

Fonte: Próprio autor

O modo de endereçamento indireto é uma técnica de acesso à memória em sistemas computacionais onde a instrução não fornece o endereço direto do operando. Em vez disso, ela fornece um endereço que aponta para outra localização de memória. Esta localização intermediária contém o endereço real do operando. Esse método é particularmente útil para estruturas de dados mais complexas, como listas e árvores, onde o acesso direto pode não ser prático ou eficiente (Patterson; Hennessy, 2013).

Explicação do Diagrama: O diagrama ilustra o funcionamento do modo de endereçamento indireto:

1. **CPU**: Representa o processador central do computador, responsável por executar instruções.
2. **Recebe Instrução com Endereço Indireto**: A CPU recebe uma instrução que contém um endereço que aponta para uma localização intermediária na memória.
3. **Identifica Modo Indireto**: A CPU identifica que a instrução usa o modo de endereçamento indireto.
4. **Acessa Memória Usando Endereço Fornecido**: A CPU acessa a memória usando o endereço fornecido pela instrução.
5. **Obtém Endereço Real do Operando da Memória**: A localização intermediária na memória contém o endereço real do operando. A CPU recupera esse endereço.
6. **Acessa Memória Usando Endereço Real**: Usando o endereço real obtido, a CPU acessa a memória novamente.
7. **Obtém Operando da Memória**: O operando é então recuperado da memória usando o endereço real.
8. **Executa Operação Usando o Operando**: Com o operando em mãos, a CPU executa a operação desejada.

Em resumo, o diagrama destaca o processo de dois estágios do modo de endereçamento indireto, onde a instrução fornece um endereço que aponta para uma localização intermediária que, por sua vez, contém o endereço real do operando.

- **Indexado**: Este modo combina um valor constante na instrução com o valor de um registrador específico para determinar o endereço do operando. É frequentemente usado em operações de *loop* e acesso a *arrays* (Tanenbaum, 2015).

Figura 16 Endereçamento Indexado

```
           ┌─────┐
           │ CPU │
           └──┬──┘
              ▼
    ┌───────────────────┐
    │ Recebe Instrução  │
    │ com Valor Constante│
    └─────────┬─────────┘
              ▼
    ┌───────────────────┐
    │  Identifica Modo  │
    │     Indexado      │
    └─────────┬─────────┘
              ▼
    ┌───────────────────┐
    │ Acessa Registrador│
    │     Específico    │
    └─────────┬─────────┘
              ▼
    ┌───────────────────┐
    │  Combina Valor do │
    │  Registrador com  │
    │  Valor Constante  │
    └─────────┬─────────┘
              ▼
    ┌───────────────────┐
    │ Determina Endereço│
    │    do Operando    │
    └─────────┬─────────┘
              ▼
    ┌───────────────────┐
    │  Acessa Memória   │
    │ Usando Endereço   │
    │    Determinado    │
    └─────────┬─────────┘
              ▼
    ┌───────────────────┐
    │ Obtém Operando da │
    │      Memória      │
    └─────────┬─────────┘
              ▼
    ┌───────────────────┐
    │ Executa Operação  │
    │ Usando o Operando │
    └───────────────────┘
```

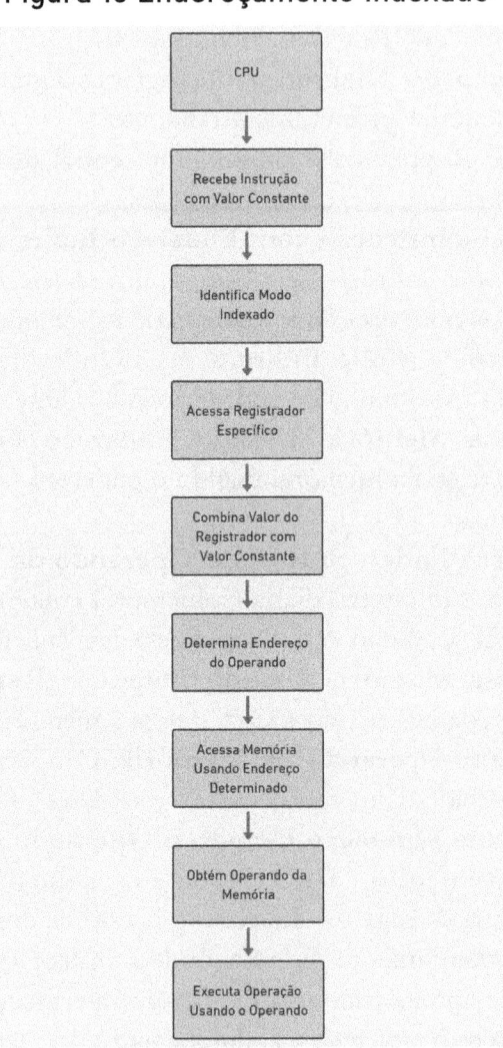

Fonte: Próprio autor

O modo de endereçamento indexado é uma técnica avançada de acesso à memória em sistemas computacionais. Neste modo, o endereço do operando é determinado combinando um valor constante presente na instrução com o valor de um registrador específico.

1. **CPU**: Representa o processador central do computador, responsável por executar instruções.
2. **Recebe Instrução com Valor Constante**: A CPU recebe uma instrução que contém um valor constante.
3. **Identifica Modo Indexado**: A CPU identifica que a instrução usa o modo de endereçamento indexado.
4. **Acessa Registrador Específico**: A CPU acessa um registrador específico para obter seu valor.
5. **Combina Valor do Registrador com Valor Constante**: A CPU combina o valor obtido do registrador com o valor constante da instrução.
6. **Determina Endereço do Operando**: Usando a combinação dos valores, a CPU determina o endereço do operando.
7. **Acessa Memória Usando Endereço Determinado**: A CPU acessa a memória usando o endereço determinado.
8. **Obtém Operando da Memória**: O operando é recuperado da memória.
9. **Executa Operação Usando o Operando**: Com o operando em mãos, a CPU executa a operação desejada.

Este modo é especialmente útil em operações de *loop* e acesso a *arrays*, pois permite que a CPU acesse diferentes locais de memória de forma eficiente, ajustando o valor do registrador conforme necessário (Tanenbaum, 2015).

Compreender os diferentes modos de endereçamento é essencial para otimizar o desempenho do sistema e garantir que as instruções sejam executadas de maneira eficiente e eficaz..

Número de Operandos: Algumas instruções podem ter um, dois ou até três operandos, dependendo da arquitetura.

Figura 17 Instruções com diferentes números de operandos

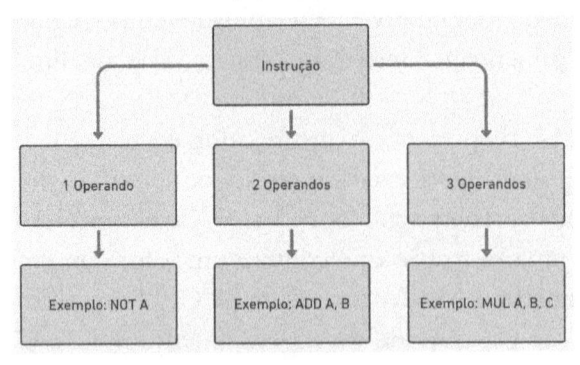

```
                    Instrução
        ┌──────────────┼──────────────┐
   1 Operando     2 Operandos      3 Operandos
        │              │                │
  Exemplo: NOT A  Exemplo: ADD A, B  Exemplo: MUL A, B, C
```

Fonte: Próprio autor

O número de operandos em uma instrução varia de acordo com a arquitetura e a operação específica que a instrução pretende realizar. No contexto de sistemas computacionais:

Instrução: Representa uma operação específica que a CPU deve executar.

1. **Operando**: Algumas instruções requerem apenas um operando. Um exemplo clássico é a operação NOT, que inverte os *bits* de um único operando (Exemplo: NOT A).
2. **Operandos**: Muitas instruções requerem dois operandos. Por exemplo, a operação ADD soma dois operandos (Exemplo: ADD A, B).
3. **Operandos**: Algumas arquiteturas e operações específicas podem necessitar de três operandos. Um exemplo é a operação MUL, que pode multiplicar três operandos juntos (Exemplo: MUL A, B, C).

A capacidade de ter diferentes números de operandos permite flexibilidade na execução de operações, otimizando o processamento e a eficiência do sistema.

É importante frisar que todas as instruções em uma arquitetura de computador devem ter pelo menos um *opcode* (código de operação). O *opcode* é essencial porque especifica qual operação a CPU deve realizar. Sem um *opcode*, a CPU não saberia qual ação tomar em relação aos operandos fornecidos ou como interpretar a instrução.

Por exemplo, considere duas instruções binárias hipotéticas: **1001 0100** e **1010 0100**. Se o primeiro *bit* (ou conjunto de *bits*) for o *opcode*, a mudança de **1001** para **1010** pode alterar a instrução de uma adição para uma subtração. Os *bits* restantes (neste caso, **0100**) podem ser operandos ou outros campos da instrução, dependendo da arquitetura.

Portanto, o *opcode* é fundamental para diferenciar e determinar a função exata de cada instrução em um conjunto de instruções de uma arquitetura de computador.

10.3 Tipos de Conjuntos de Instruções

Existem diferentes tipos de arquiteturas ISA, cada uma com suas características e vantagens:

- **RISC (Reduced Instruction Set Computer)**: Esta arquitetura foca em ter um número reduzido de instruções, cada uma das quais é executada em um único ciclo de *clock*. Isso permite um desempenho mais rápido e previsível.

A arquitetura RISC, ou "Computador com Conjunto Reduzido de Instruções", surgiu como uma resposta à crescente complexidade das arquiteturas de computadores na década de 1980. Conforme descrito por Patterson e Hennessy (2013), a ideia central por trás do RISC é simplificar o conjunto de instruções, permitindo que cada instrução seja executada em um único ciclo de *clock*. Esta abordagem contrasta com as arquiteturas CISC (Computador com Conjunto Complexo de Instruções), que possuem instruções mais complexas e que podem exigir vários ciclos de *clock* para serem executadas.

A principal vantagem da arquitetura RISC é seu desempenho mais rápido e previsível. Como cada instrução é projetada para ser executada em um único ciclo, os compiladores podem otimizar o código para obter o máximo desempenho (TANENBAUM, 2015). Além disso, a simplicidade das instruções RISC permite que os designers de chips otimizem o hardware, resultando em CPUs mais eficientes em termos de energia e mais rápidas (Stallings, 2016).

A abordagem RISC tem sido fundamental para o desenvolvimento de dispositivos móveis e sistemas embarcados, onde a eficiência energética é crucial. Muitos dos processadores modernos utilizados em *smartphones* e *tablets* são baseados em arquiteturas RISC, como a popular arquitetura ARM (Mano; Kime, 2008).

Figura 18 Arquitetura RISC

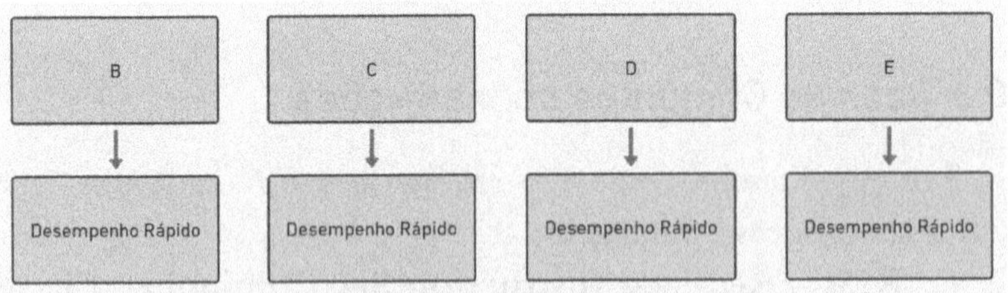

B	C	D	E
↓	↓	↓	↓
Desempenho Rápido	Desempenho Rápido	Desempenho Rápido	Desempenho Rápido

Fonte: Próprio autor

A arquitetura RISC (Reduced Instruction Set Computer) é caracterizada por ter um conjunto reduzido de instruções, com o objetivo de otimizar o desempenho. No diagrama, a entidade central "RISC" representa essa arquitetura. A partir dela, emanam várias instruções, cada uma executada em um único ciclo de *clock*. Isso é representado pelas instruções 1, 2, 3 e 4, todas levando a um desempenho rápido. A ideia por trás da RISC é simplificar o conjunto de instruções para que cada instrução possa ser executada em um tempo muito curto, resultando em um desempenho mais rápido e previsível.

- **CISC (Complex Instruction Set Computer)**: Em contraste com o RISC, o CISC tem um conjunto de instruções mais extenso e complexo, permitindo que a CPU execute operações mais complexas em uma única instrução.

A arquitetura CISC, ou "Computador com Conjunto Complexo de Instruções", representa uma abordagem diferente da arquitetura RISC. Enquanto a RISC se concentra na simplificação e na execução rápida de instruções, a CISC adota uma filosofia de proporcionar um conjunto de instruções mais rico e diversificado, permitindo que tarefas mais complexas sejam realizadas em menos instruções (Patterson; Hennessy, 2013).

A principal característica da arquitetura CISC é sua capacidade de realizar múltiplas operações ou acessar múltiplos locais de memória com uma única instrução. Por exemplo, em vez de usar várias instruções para carregar um valor da memória, processá-lo e, em seguida, armazenar o resultado de volta na memória, uma instrução CISC pode ser capaz de realizar todas essas operações simultaneamente (Tanenbaum, 2015).

Esta abordagem foi particularmente valiosa nas primeiras décadas da computação, quando a memória era cara e limitada. Ao reduzir o número de instruções necessárias para realizar uma tarefa, a arquitetura CISC permitia que os programas fossem mais compactos, economizando espaço de memória valioso (Stallings, 2016).

No entanto, a complexidade das instruções CISC também apresenta desafios. As CPUs CISC tendem a ter ciclos de *clock* mais longos, pois cada instrução complexa pode exigir vários ciclos para ser executada. Além disso, a otimização de compiladores para arquiteturas CISC pode ser mais desafiadora devido à variedade e complexidade das instruções disponíveis (Mano; Kime, 2008).

Apesar desses desafios, a arquitetura CISC ainda é prevalente em muitos sistemas computacionais modernos, especialmente em aplicações que se beneficiam de seu conjunto de instruções rico e versátil.

Figura 19 Arquitetura CISC

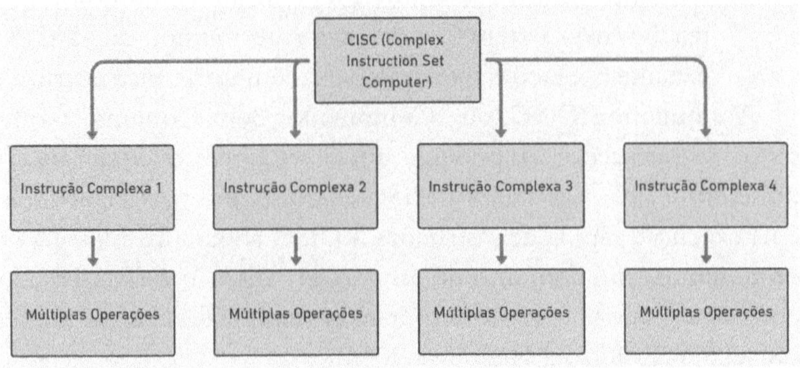

[Diagrama: CISC (Complex Instruction Set Computer) → Instrução Complexa 1, Instrução Complexa 2, Instrução Complexa 3, Instrução Complexa 4 → cada uma leva a Múltiplas Operações]

Fonte: Próprio autor

A arquitetura CISC (Complex Instruction Set Computer) é caracterizada por possuir um conjunto de instruções extenso e complexo. Ao contrário das arquiteturas RISC, que buscam simplificar e otimizar o conjunto de instruções, o CISC permite que a CPU execute operações mais complexas em uma única instrução. No diagrama, você pode observar que uma instrução CISC pode realizar múltiplas operações, evidenciando a complexidade e a capacidade de realizar várias tarefas em uma única instrução.

- **VLIW (Very Long Instruction Word)**: Esta arquitetura permite que várias operações sejam executadas simultaneamente em diferentes unidades funcionais da CPU.

A arquitetura VLIW, ou "Palavra de Instrução Muito Longa", representa uma abordagem inovadora na concepção de conjuntos de instruções para CPUs. A ideia central por trás do VLIW é a exploração do paralelismo a nível de instrução, permitindo que várias operações sejam especificadas em uma única instrução muito longa e, consequentemente, sejam executadas simultaneamente (Patterson; Hennessy, 2013).

Em uma arquitetura VLIW, a CPU é equipada com múltiplas unidades funcionais, como unidades aritméticas, unidades lógicas e unidades de acesso à memória. Uma única instrução VLIW pode especificar operações para todas essas unidades funcionais, permitindo que elas operem em paralelo durante um único ciclo de *clock* (Tanenbaum, 2015).

Uma das principais vantagens do VLIW é a eficiência. Ao executar várias operações simultaneamente, a CPU pode alcançar um desempenho significativamente maior em comparação com arquiteturas que executam uma única operação por ciclo. No entanto, essa abordagem também apresenta desafios, especialmente no que diz respeito à compilação. Os compiladores para arquiteturas VLIW precisam ser sofisticados o suficiente para identificar oportunidades de paralelismo e gerar instruções que maximizem o uso das unidades funcionais da CPU (Stallings, 2016).

Apesar desses desafios, a arquitetura VLIW encontrou aplicação em várias áreas, especialmente em processadores de sinal digital (DSPs) e em algumas CPUs de alto desempenho, onde a capacidade de executar múltiplas operações simultaneamente é crucial para atender às demandas de desempenho (Mano; Kime, 2008).

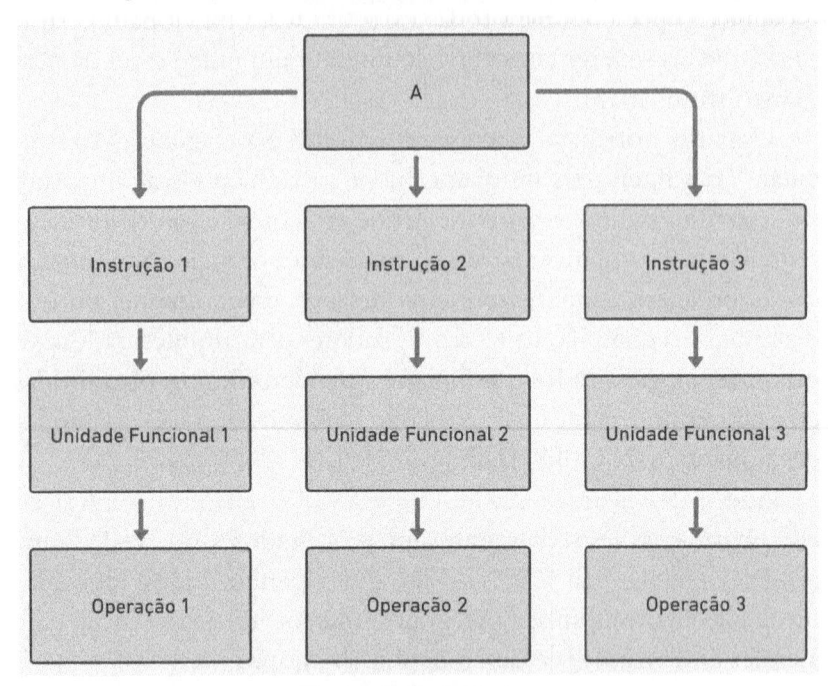

Figura 20 Funcionamento da Arquitetura VLIW

```
                    ┌─────────┐
                    │    A    │
                    └─────────┘
           ┌────────────┼────────────┐
           ▼            ▼            ▼
    ┌───────────┐ ┌───────────┐ ┌───────────┐
    │Instrução 1│ │Instrução 2│ │Instrução 3│
    └───────────┘ └───────────┘ └───────────┘
           │            │            │
           ▼            ▼            ▼
    ┌───────────┐ ┌───────────┐ ┌───────────┐
    │  Unidade  │ │  Unidade  │ │  Unidade  │
    │Funcional 1│ │Funcional 2│ │Funcional 3│
    └───────────┘ └───────────┘ └───────────┘
           │            │            │
           ▼            ▼            ▼
    ┌───────────┐ ┌───────────┐ ┌───────────┐
    │ Operação 1│ │ Operação 2│ │ Operação 3│
    └───────────┘ └───────────┘ └───────────┘
```

Fonte: Próprio autor

O diagrama apresenta a estrutura e funcionamento da arquitetura VLIW, que é uma abordagem de design de CPU que permite a execução paralela de instruções.

- **Núcleo Central (VLIW)**: Representa a palavra de instrução muito longa, que é capaz de conter várias instruções a serem executadas simultaneamente.
- **Instruções**: São as ações específicas que a CPU deve realizar. No diagrama, são representadas por "Instrução 1", "Instrução 2" e "Instrução 3". Cada uma dessas instruções é enviada para uma unidade funcional específica.
- **Unidades Funcionais**: São componentes especializados da CPU projetados para executar certos tipos de operações. No contexto do VLIW, diferentes instruções são enviadas

para diferentes unidades funcionais para serem executadas ao mesmo tempo. No diagrama, temos "Unidade Funcional 1", "Unidade Funcional 2" e "Unidade Funcional 3".

- **Operações**: Uma vez que uma instrução chega à sua unidade funcional designada, ela é traduzida em uma operação específica. Por exemplo, "Operação 1" na "Unidade Funcional 1", "Operação 2" na "Unidade Funcional 2" e assim por diante.

Em resumo, a arquitetura VLIW é projetada para maximizar a paralelização, permitindo que várias operações sejam executadas simultaneamente em diferentes unidades funcionais da CPU. Isso é alcançado agrupando várias instruções em uma única palavra de instrução muito longa e direcionando essas instruções para as unidades funcionais apropriadas para execução paralela.

- **EPIC (Explicitly Parallel Instruction Computing)**: Semelhante ao VLIW, mas com mais ênfase na paralelização de instruções.

A arquitetura EPIC, ou "Computação de Instrução Paralela Explícita", é uma evolução das ideias introduzidas pelo VLIW, com um foco ainda mais acentuado no paralelismo a nível de instrução. Desenvolvida inicialmente como uma colaboração entre a Intel e a Hewlett-Packard na década de 1990, a arquitetura EPIC foi concebida para superar algumas das limitações percebidas nas abordagens VLIW e para otimizar o desempenho em futuros processadores de alta performance (Patterson; Hennessy, 2013).

A principal distinção entre EPIC e VLIW reside na responsabilidade pela paralelização. Enquanto as arquiteturas VLIW dependem em grande parte dos compiladores para identificar e explorar o paralelismo, a arquitetura EPIC move uma parte significativa dessa responsabilidade para o hardware. Isso é feito através de técnicas como a especulação, onde o hardware tenta prever o resultado de operações futuras e executa instruções em paralelo com base nessas previsões (Tanenbaum, 2015).

Além disso, a arquitetura EPIC introduz uma série de novas características e técnicas para maximizar o paralelismo, incluindo:

Predicação: Permite que todas as instruções sejam condicionais, eliminando a necessidade de desvios condicionais e permitindo um fluxo de execução mais suave (Stallings, 2016).

Paralelismo de longo alcance: Os compiladores EPIC são projetados para identificar oportunidades de paralelismo em grandes blocos de código, não apenas entre instruções adjacentes (Mano; Kime, 2008).

Recursos avançados de memória: Para evitar gargalos de memória e maximizar o desempenho, a arquitetura EPIC inclui técnicas avançadas de gerenciamento e acesso à memória.

Em resumo, enquanto a arquitetura VLIW busca simplificar o design do hardware ao colocar a responsabilidade de identificar o paralelismo nos compiladores, a arquitetura EPIC busca uma abordagem mais balanceada, utilizando tanto hardware avançado quanto compiladores sofisticados para maximizar o paralelismo e o desempenho.

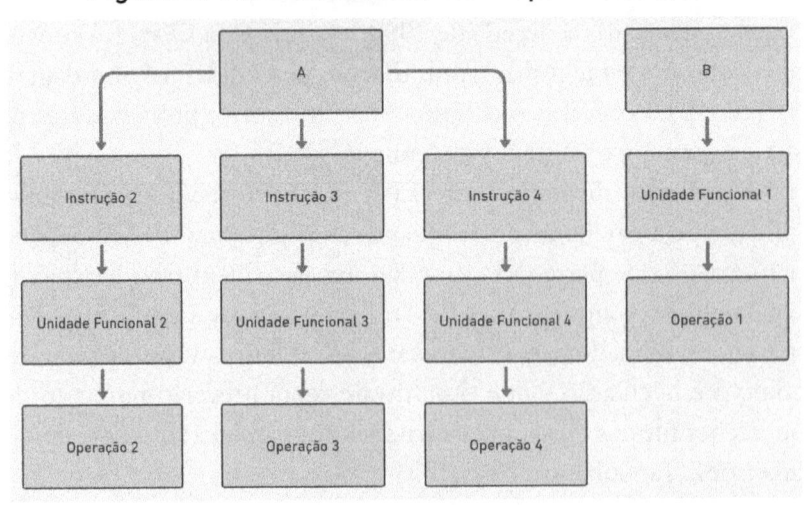

Figura 21 Funcionamento da Arquitetura EPIC

Fonte: Próprio autor

O nível de arquitetura do conjunto de instruções é uma parte fundamental de qualquer sistema computacional. Ele define a linguagem que a CPU entende e determina como o software e o hardware interagem. Compreender o ISA é essencial para qualquer pessoa interessada em design de computadores, programação de baixo nível ou engenharia de hardware.

11. O NÍVEL DE MICROARQUITETURA

A microarquitetura é um nível mais detalhado que descreve como as instruções são realmente implementadas dentro da CPU. Isso inclui a descrição de unidades funcionais, registradores, caminhos de dados, lógica de controle e como as instruções interagem com esses componentes.

Para ilustrar isso, vamos considerar uma CPU simplificada que implementa o *"pipeline"*. Vou criar um diagrama de fluxo que mostra os principais componentes da microarquitetura e como as instruções se movem através do *pipeline*.

11.1 Estágios de Pipeline

Vamos considerar os seguintes estágios de *pipeline*:
1. **Busca de Instrução (IF)**: Onde a instrução é buscada da memória.
2. **Decodificação de Instrução (ID)**: Onde a instrução é decodificada para determinar sua operação.
3. **Execução (EX)**: Onde a operação é realmente executada.
4. **Acesso à Memória (MEM)**: Onde os dados são lidos ou escritos na memória, se necessário.
5. **Escrita no Registrador (WB)**: Onde os resultados são escritos de volta nos registradores.

Figura 22 Fluxo de Instruções

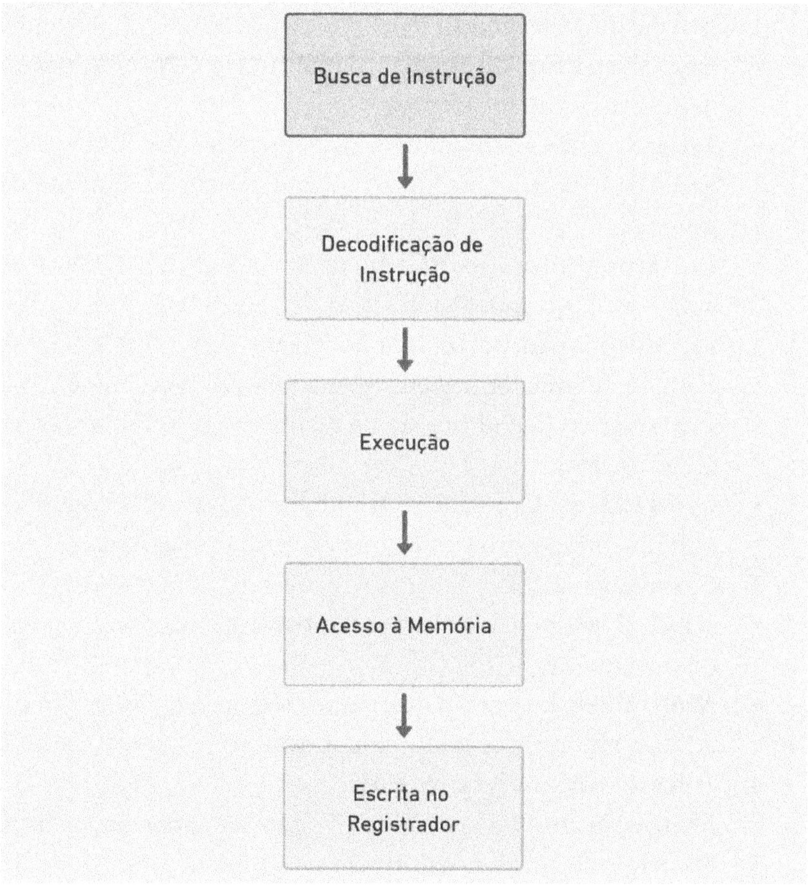

```
┌─────────────────────┐
│ Busca de Instrução  │
└─────────────────────┘
           ↓
┌─────────────────────┐
│  Decodificação de   │
│     Instrução       │
└─────────────────────┘
           ↓
┌─────────────────────┐
│      Execução       │
└─────────────────────┘
           ↓
┌─────────────────────┐
│  Acesso à Memória   │
└─────────────────────┘
           ↓
┌─────────────────────┐
│     Escrita no      │
│     Registrador     │
└─────────────────────┘
```

Fonte: Próprio autor

Vejamos agora o mesmo processo de forma mais detalhada, para que você possa ampliar seu entendimento.

Microarquitetura Detalhada: Estágios do Pipeline

1. **Busca de Instrução (IF):**
   - **PC (Program Counter):** Mantém o endereço da próxima instrução a ser buscada.
   - **Memória de Instrução:** Armazena as instruções do programa. O PC é usado para buscar a instrução deste componente.
   - **Incrementador de PC:** Incrementa o PC para apontar para a próxima instrução.
2. **Decodificação de Instrução (ID):**
   - **Registradores:** Armazena os dados que serão usados na execução. A decodificação determina quais registradores serão usados.
   - **Unidade de Controle:** Decodifica a instrução e gera sinais de controle para os outros estágios do *pipeline*.
3. **Execução (EX):**
   - **ALU (Unidade Lógica e Aritmética):** Realiza operações aritméticas e lógicas.
   - **Multiplexadores:** Usados para selecionar entradas para a ALU com base nos sinais de controle.
4. **Acesso à Memória (MEM):**
   - **Memória de Dados:** Onde os dados são lidos ou escritos.
   - **Multiplexadores:** Usados para selecionar a fonte de dados para a escrita na memória.
5. **Escrita no Registrador (WB):**
   - **File de Registradores:** Armazena os resultados das operações.
   - **Buffer de Escrita:** Armazena temporariamente os dados antes de serem escritos nos registradores.

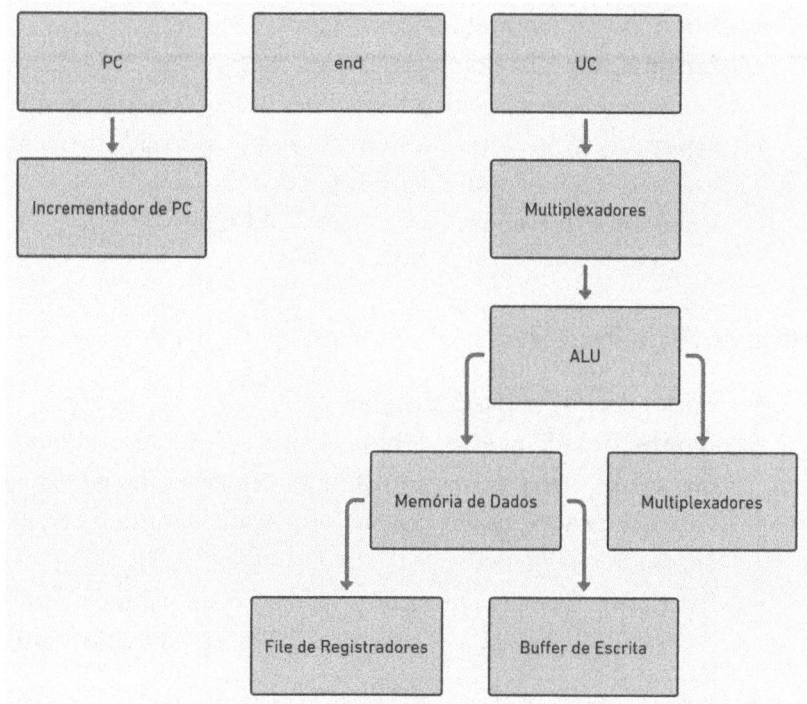

Figura 23 Fluxo detalhado de Instruções

```
[PC]            [end]           [UC]
 ↓                               ↓
[Incrementador de PC]    [Multiplexadores]
                                 ↓
                              [ALU]
                          ↙         ↘
                [Memória de Dados]  [Multiplexadores]
                    ↙      ↘
        [File de Registradores]  [Buffer de Escrita]
```

Fonte: Próprio autor

11.2 Relação entre Nível de Montagem e Microarquitetura

O nível de montagem e o nível de microarquitetura são intimamente relacionados, mas têm focos diferentes. Vamos esclarecer:

Nível de Montagem (Assembly Level):

- **Foco**: Representação das instruções.
- **Linguagem**: Usa linguagem de montagem (Assembly), que é uma representação mais legível das instruções de máquina.
- **Operações**: As instruções em Assembly são traduzidas em instruções de máquina pelo montador (*assembler*).
- **Exemplo**: Instruções como **MOV**, **ADD**, **JMP** etc.

Nível de Microarquitetura:

- **Foco**: Execução das instruções.
- **Operações**: Descreve como as instruções são realmente executadas pelo hardware, incluindo técnicas como *pipelining*.
- **Componentes**: Inclui unidades funcionais como ALU, registradores, *buffers* etc.
- **Processo**: Detalha como uma instrução de máquina é decodificada, executada e como os dados são movidos entre os registradores e a memória.

Relação entre os dois níveis:

- As instruções escritas em linguagem de montagem são traduzidas em instruções de máquina.
- Estas instruções de máquina são então executadas pelo hardware no nível de microarquitetura.
- O nível de microarquitetura detalha o "como" (a maneira como as instruções são executadas), enquanto o nível de montagem detalha o "o quê" (as próprias instruções).

Para visualizar essa relação, podemos criar um diagrama que mostre como as instruções no nível de montagem são traduzidas e depois executadas no nível de microarquitetura.

Figura 24 Relação entre Nível de Montagem e Microarquitetura

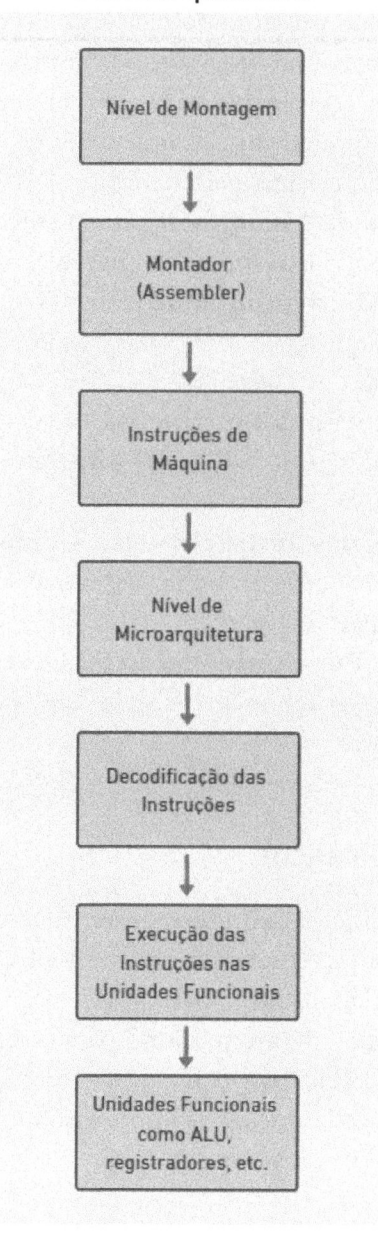

```
┌─────────────────────┐
│  Nível de Montagem  │
└─────────────────────┘
           ↓
┌─────────────────────┐
│      Montador       │
│    (Assembler)      │
└─────────────────────┘
           ↓
┌─────────────────────┐
│   Instruções de     │
│      Máquina        │
└─────────────────────┘
           ↓
┌─────────────────────┐
│      Nível de       │
│  Microarquitetura   │
└─────────────────────┘
           ↓
┌─────────────────────┐
│  Decodificação das  │
│     Instruções      │
└─────────────────────┘
           ↓
┌─────────────────────┐
│    Execução das     │
│    Instruções nas   │
│  Unidades Funcionais│
└─────────────────────┘
           ↓
┌─────────────────────┐
│ Unidades Funcionais │
│     como ALU,       │
│ registradores, etc. │
└─────────────────────┘
```

Fonte: Próprio autor

- **Nível de Montagem**: É onde os programadores escrevem código usando linguagem de montagem (Assembly). Este código é mais próximo do hardware do que linguagens de alto nível, mas ainda é legível por humanos.
- **Montador (Assembler)**: É a ferramenta que converte o código de montagem em instruções de máquina, que são binárias e entendidas pelo hardware.
- **Instruções de Máquina**: São as instruções binárias que o hardware pode executar diretamente.
- **Nível de Microarquitetura**: Este é o nível onde as instruções de máquina são realmente executadas. Envolve vários componentes e etapas.
- **Decodificação das Instruções**: Nesta etapa, as instruções de máquina são decodificadas para entender o que exatamente precisa ser feito.
- **Execução das Instruções nas Unidades Funcionais**: Aqui, as instruções decodificadas são executadas nas unidades funcionais relevantes.
- **Unidades Funcionais como ALU, registradores etc.**: Estes são os componentes físicos que realmente executam as instruções.

11.3 Exemplos Práticos

Para entender melhor como o *pipeline* funciona na prática, vamos considerar um exemplo simples. Suponha que temos as seguintes instruções de montagem:
1. **MOV R1, 5** - Move o valor 5 para o registrador R1.
2. **ADD R2, R1, 10** - Adiciona 10 ao valor no registrador R1 e armazena o resultado no registrador R2.
3. **JMP 4** - Pula para a instrução 4.

No *pipeline*:
- Na primeira etapa, a instrução **MOV R1, 5** está na fase de Busca de Instrução (IF).

- Na segunda etapa, enquanto a instrução **MOV R1, 5** passa para a fase de Decodificação de Instrução (ID), a instrução **ADD R2, R1, 10** entra na fase de Busca de Instrução (IF).
- Na terceira etapa, a instrução **MOV R1, 5** é executada (EX), a instrução **ADD R2, R1, 10** é decodificada (ID), e a instrução **JMP 4** é buscada (IF).

Este processo continua até que todas as instruções sejam completamente processadas.

11.4 Desafios da Microarquitetura

Um dos principais desafios no design da microarquitetura é lidar com os "*hazards*".

- **Hazards de Dados**: Ocorrem quando uma instrução depende do resultado de outra instrução ainda não completada. Por exemplo, se uma instrução está lendo um valor de um registrador que ainda não foi atualizado por uma instrução anterior.
- **Hazards de Controle**: Ocorrem devido a instruções de controle, como saltos e desvios, que alteram o fluxo de execução e podem causar atrasos no *pipeline*.

Para gerenciar esses *hazards*, técnicas como "*stalling*" (parar o *pipeline* até que o *hazard* seja resolvido) e "*forwarding*" (passar os dados diretamente para onde eles são necessários, sem esperar que sejam escritos de volta nos registradores) são usadas.

11.5 Técnicas Avançadas

Além do *pipelining*, existem várias outras técnicas avançadas usadas na microarquitetura:

- **Execução Fora de Ordem**: Permite que instruções sejam executadas assim que seus operandos estiverem prontos, em vez de esperar sua vez na ordem do programa.

- **Predição de Desvios**: Usa hardware para adivinhar o resultado de uma instrução de desvio antes de ser completamente processada, permitindo que o *pipeline* continue a buscar e processar instruções.
- **Técnicas de Otimização**: Como a renomeação de registradores, que ajuda a resolver *hazards* de dados.

11.6 História e Evolução

A microarquitetura evoluiu significativamente ao longo dos anos. Nos primeiros dias da computação, as CPUs eram simples e executavam instruções em ordem, uma de cada vez. Com o advento do *pipelining*, as CPUs tornaram-se capazes de executar várias instruções simultaneamente. Ao longo dos anos, técnicas mais avançadas, como execução fora de ordem e predição de desvios, foram introduzidas, permitindo um aumento significativo no desempenho.

Comparação com Outras Arquiteturas:

Existem várias microarquiteturas diferentes, cada uma com suas próprias características e vantagens. Por exemplo:
- **ARM**: É uma microarquitetura RISC (Conjunto de Instruções Reduzidas) que é otimizada para eficiência energética e é amplamente usada em dispositivos móveis.
- **x86**: É uma microarquitetura CISC (Conjunto de Instruções Complexas) que é otimizada para desempenho e é comumente usada em *desktops* e servidores.

Cada microarquitetura tem suas próprias técnicas e otimizações, tornando-as adequadas para diferentes aplicações e necessidades.

12. O NÍVEL LÓGICO DIGITAL

Introdução

O Nível Lógico Digital é um dos níveis fundamentais na hierarquia de abstração de um sistema computacional. Ele se concentra nos aspectos lógicos e digitais do hardware, especificamente na maneira como os circuitos eletrônicos representam e processam informações. Este nível é a ponte entre o hardware físico e a funcionalidade lógica que ele fornece.

12.1 Portas Lógicas

No mundo da eletrônica digital, as portas lógicas são os componentes fundamentais que permitem a realização de operações lógicas. Estas operações são a base para a execução de instruções mais complexas em um computador. Vamos mergulhar mais profundamente em cada uma dessas portas lógicas e entender como elas funcionam.

1. Porta AND A porta AND é semelhante à operação lógica "E". Ela tem duas ou mais entradas e produz uma saída verdadeira (1) apenas quando todas as suas entradas são verdadeiras.

Figura 25 Símbolo da Porta AND

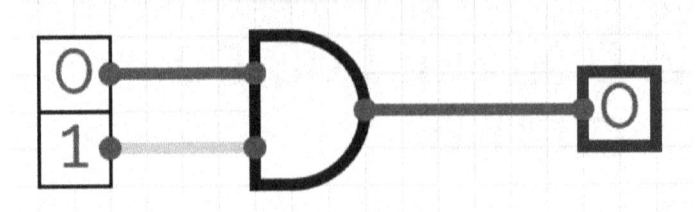

Fonte: Próprio autor

- **Exemplo**: Se tivermos duas entradas, A e B, a saída será verdadeira apenas quando A e B forem ambos 1.

Aqui está o diagrama ilustrando a Porta AND:

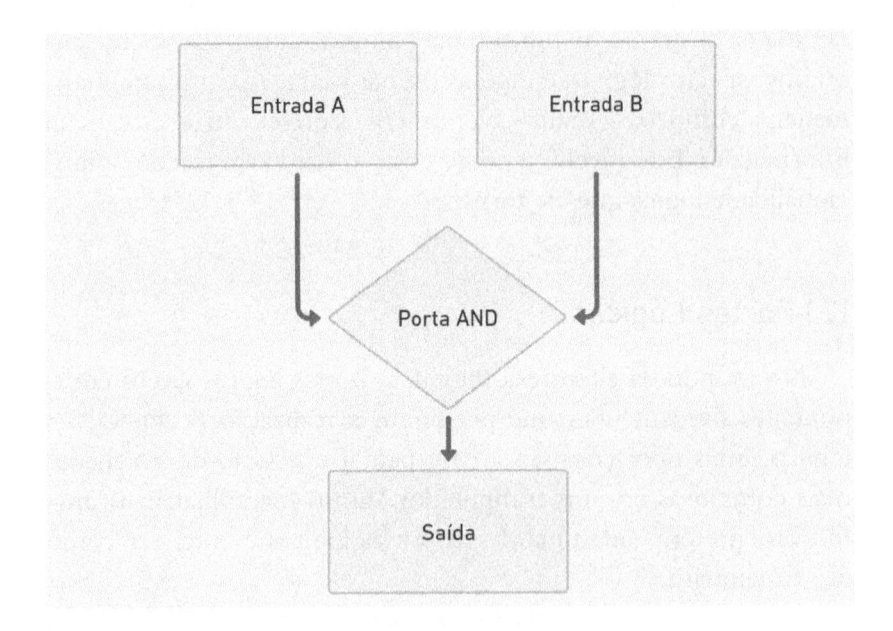

Para ilustrar o conceito da Porta AND com uma tabela verdade:

Entrada A	Entrada B	Saída (A AND B)
0	0	0
0	1	0
1	0	0
1	1	1

Como você pode ver na tabela, a saída é verdadeira (1) apenas quando ambas as entradas A e B são verdadeiras (1).

3. **Porta OR** A porta OR funciona como a operação lógica "OU". Ela produz uma saída verdadeira quando pelo menos uma de suas entradas é verdadeira.

Figura 26 Símbolo da Porta OR

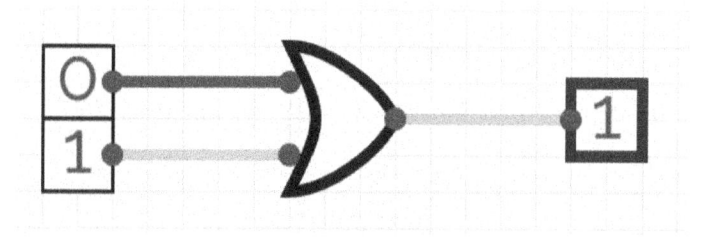

Fonte: Próprio autor

- **Exemplo**: Se tivermos duas entradas, A e B, a saída será verdadeira se A ou B (ou ambos) forem 1.

Aqui está um diagrama representando a porta OR.

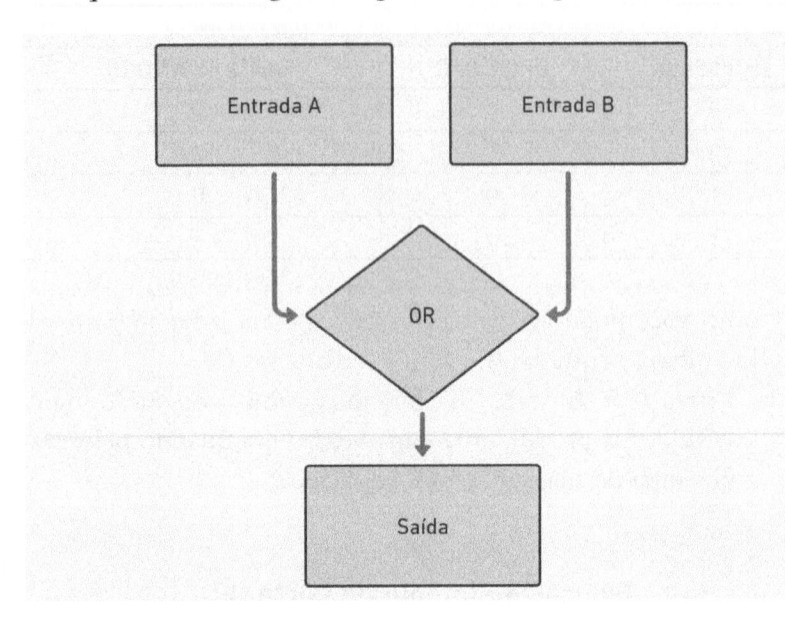

Para ilustrar o conceito da Porta OR com uma tabela verdade:

Entrada A	Entrada B	Saída (A OR B)
0	0	0
0	1	1
1	0	1
1	1	1

A Porta OR produz uma saída verdadeira (1) quando pelo menos uma das suas entradas é verdadeira.
4. **Porta NOT** A porta NOT é uma porta lógica que inverte sua entrada. Se a entrada for 0, a saída será 1 e vice-versa.

Figura 27 Símbolo da Porta NOT

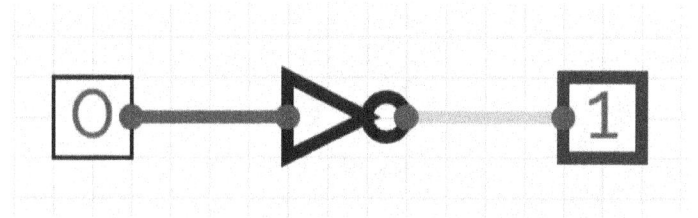

Fonte: Próprio autor

- **Exemplo**: Se a entrada for 1, a saída será 0.

A porta NOT, também conhecida como inversor, é uma porta lógica que inverte o valor de entrada. Se a entrada for verdadeira (1), a saída será falsa (0) e vice-versa.

Aqui está a tabela verdade para a porta NOT:

Entrada	Saída
0	1
1	0

A entrada 0 produz uma saída 1, e a entrada 1 produz uma saída 0.

4. Porta NAND

A porta NAND é uma das portas lógicas fundamentais em circuitos digitais. O nome "NAND" é derivado de "NOT AND", o que indica sua função. Basicamente, ela faz o oposto do que a porta AND faz.

Figura 28 Símbolo da Porta NAND

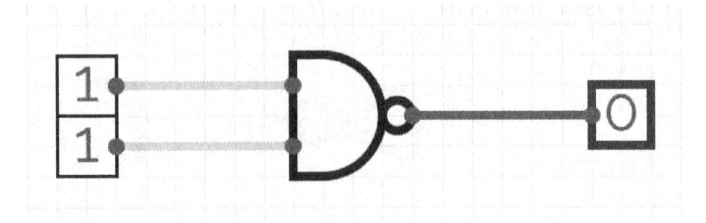

Fonte: Próprio autor

Funcionamento:
1. **Porta AND**: A porta AND produz uma saída verdadeira (1) apenas quando todas as suas entradas são verdadeiras.
2. **Porta NOT**: A porta NOT inverte o valor de sua entrada.
3. **Porta NAND**: Como a porta NAND é uma combinação das portas AND e NOT, ela primeiro verifica se todas as entradas são verdadeiras (como a porta AND) e, em seguida, inverte o resultado (como a porta NOT).

Tabela Verdade para NAND com duas entradas:

A	B	Saída (A NAND B)
0	0	1
0	1	1
1	0	1
1	1	0

Como você pode ver na tabela acima:
- Quando ambas as entradas A e B são 0, a saída é 1.
- Quando A é 0 e B é 1, a saída é 1.
- Quando A é 1 e B é 0, a saída é 1.
- A única vez que a saída é 0 é quando ambas as entradas A e B são 1.

Exemplo:

Se tivermos duas entradas, A e B, e ambas forem 1 (verdadeiras), a saída da porta NAND será 0 (falsa). Em todos os outros casos (quando pelo menos uma das entradas é 0), a saída será 1 (verdadeira).

Em resumo, a porta NAND é uma ferramenta essencial em eletrônica digital e é usada para construir muitos outros circuitos lógicos e funções. Ela só produz uma saída falsa quando todas as suas entradas são verdadeiras; caso contrário, a saída é sempre verdadeira.

5. Porta NOR

A porta NOR é outra porta lógica fundamental em circuitos digitais. O nome "NOR" é derivado de "NOT OR", indicando sua função. Ela combina as funções das portas OR e NOT.

Figura 29 Símbolo da Porta NOR

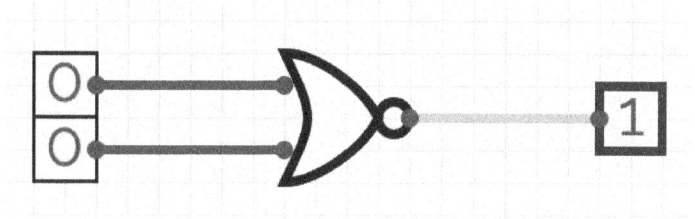

Fonte: Próprio autor

Funcionamento:
1. **Porta OR**: A porta OR produz uma saída verdadeira (1) quando pelo menos uma de suas entradas é verdadeira.
2. **Porta NOT**: A porta NOT inverte o valor de sua entrada.
3. **Porta NOR**: A porta NOR primeiro verifica se pelo menos uma das entradas é verdadeira (como a porta OR) e, em seguida, inverte o resultado (como a porta NOT).

Tabela Verdade para NOR com duas entradas:

A	B	Saída (A NOR B)
0	0	1
0	1	0
1	0	0
1	1	0

Como você pode observar na tabela acima:
- Quando ambas as entradas A e B são 0, a saída é 1.
- Quando A é 0 e B é 1, a saída é 0.
- Quando A é 1 e B é 0, a saída é 0.
- Quando ambas as entradas A e B são 1, a saída é 0.

Exemplo:
Se tivermos duas entradas, A e B, a saída da porta NOR será 1 (verdadeira) apenas quando ambas as entradas A e B forem 0 (falsas). Se pelo menos uma das entradas for 1 (verdadeira), a saída será 0 (falsa).

Em resumo, a porta NOR é uma ferramenta crucial em eletrônica digital. Ela produz uma saída verdadeira apenas quando todas as suas entradas são falsas. Se pelo menos uma entrada for verdadeira, a saída será falsa.

6. Porta XOR (OU Exclusivo)

A porta XOR, também conhecida como "OU Exclusivo", é uma porta lógica especial que se comporta de maneira diferente das portas AND, OR e NOT tradicionais. Ela é frequentemente usada em operações de aritmética binária e em certos tipos de codificação e decodificação.

Figura 30 Símbolo da Porta XOR

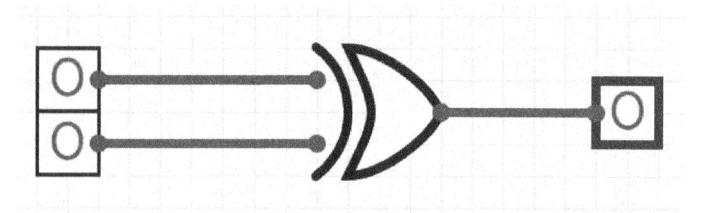

Fonte: Próprio autor

Funcionamento:

A característica distintiva da porta XOR é que ela produz uma saída verdadeira (1) apenas quando um número ímpar de suas entradas é verdadeiro. Isso a torna particularmente útil em situações onde você deseja detectar disparidades ou diferenças entre *bits*.

Para o caso de duas entradas, a lógica da porta XOR pode ser descrita da seguinte maneira:
- A saída é verdadeira (1) quando uma das entradas é verdadeira (1) e a outra é falsa (0).
- A saída é falsa (0) quando ambas as entradas são iguais, seja 0 ou 1.

Tabela Verdade para XOR com duas entradas:

A	B	Saída (A XOR B)
0	0	0
0	1	1
1	0	1
1	1	0

Como você pode observar na tabela acima:
- Quando ambas as entradas A e B são 0, a saída é 0.
- Quando A é 0 e B é 1, a saída é 1.

- Quando A é 1 e B é 0, a saída é 1.
- Quando ambas as entradas A e B são 1, a saída é 0.

Exemplo:

Se tivermos duas entradas, A e B, a saída da porta XOR será:
- Verdadeira (1) se A for 1 e B for 0.
- Verdadeira (1) se A for 0 e B for 1.
- Falsa (0) em todos os outros casos (ou seja, se A e B forem ambos 0 ou ambos 1).

Em resumo, a porta XOR é uma ferramenta essencial em eletrônica digital e é frequentemente usada para detectar diferenças entre *bits*. Ela produz uma saída verdadeira apenas quando as entradas são diferentes entre si. Se as entradas forem iguais, a saída será falsa.

7. Porta XNOR

A porta XNOR, também conhecida como "OU Exclusivo Negado", é a negação ou inverso da porta XOR. Enquanto a porta XOR produz uma saída verdadeira quando suas entradas são diferentes, a porta XNOR produz uma saída verdadeira quando suas entradas são iguais.

Figura 31 Símbolo da Porta XNOR

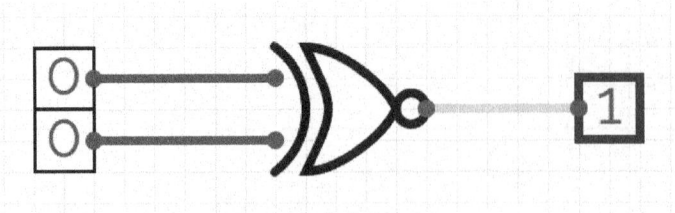

Fonte: Próprio autor

Funcionamento:

A lógica da porta XNOR pode ser descrita da seguinte maneira:
- A saída é verdadeira (1) quando ambas as entradas são iguais, seja 0 ou 1.
- A saída é falsa (0) quando as entradas são diferentes.

Isso a torna útil em situações onde você deseja confirmar a igualdade ou simetria entre *bits*.

Tabela Verdade para XNOR com duas entradas:

A	B	Saída (A XNOR B)
0	0	1
0	1	0
1	0	0
1	1	1

Como você pode observar na tabela acima:
- Quando ambas as entradas A e B são 0, a saída é 1.
- Quando A é 0 e B é 1, a saída é 0.
- Quando A é 1 e B é 0, a saída é 0.
- Quando ambas as entradas A e B são 1, a saída é 1.

Exemplo:

Se tivermos duas entradas, A e B, a saída da porta XNOR será:
- Verdadeira (1) se A e B forem ambos 0.
- Verdadeira (1) se A e B forem ambos 1.
- Falsa (0) se A for 0 e B for 1, ou se A for 1 e B for 0.

Em resumo, a porta XNOR é uma ferramenta essencial em eletrônica digital e é frequentemente usada para verificar a igualdade entre *bits*. Ela produz uma saída verdadeira apenas quando as entradas são iguais entre si. Se as entradas forem diferentes, a saída será falsa.

Conclusão

As portas lógicas são os blocos de construção fundamentais dos circuitos digitais. Elas permitem que os computadores realizem operações lógicas que, quando combinadas, possibilitam a execução de instruções complexas. Compreender como essas portas funcionam é essencial para entender a lógica por trás da operação dos computadores modernos.

12.2 Circuitos Combinacionais e Sequenciais

1. **Circuitos Combinacionais**: Estes são circuitos cuja saída depende apenas das entradas atuais, sem qualquer memória do passado. Eles são chamados de "combinacionais" porque a saída é uma combinação das entradas. Vamos explorar alguns exemplos:

- **Somador**: Este é um dos circuitos combinacionais mais básicos. Ele pega duas séries de *bits* (números binários) e produz sua soma. Por exemplo, um somador de 1 *bit* pode adicionar dois *bits*, A e B, juntamente com uma entrada de *carry-in* para produzir uma saída de soma e uma saída de *carry-out*.
- **Multiplicador**: Como o nome sugere, um multiplicador é usado para multiplicar dois números binários. A multiplicação binária é semelhante à multiplicação decimal, mas usa apenas operações de adição e deslocamento.
- **Decodificador**: Um decodificador é um circuito combinacional que tem n entradas e até 2^n saídas. Ele é usado para converter um número binário em uma saída ativa única. Por exemplo, um decodificador 2x4 tem 2 entradas e 4 saídas. Se a entrada for 00, a primeira saída será ativa; se for 01, a segunda saída será ativa, e assim por diante.
- **Multiplexador (MUX)**: É um dispositivo que seleciona uma de várias entradas e a encaminha para uma única saída. Ele tem várias entradas de dados, algumas entradas de

seleção e uma saída. A entrada de seleção determina qual entrada de dados é encaminhada para a saída.
- **Comparador**: Este circuito combinacional compara dois números binários e determina se são iguais, ou se um é maior ou menor que o outro. Ele fornece saídas para igual (=), maior que (>) e menor que (<).

2. Circuitos Sequenciais: Ao contrário dos circuitos combinacionais, os circuitos sequenciais têm uma memória. A saída de um circuito sequencial depende tanto das entradas atuais quanto das entradas anteriores. Eles são usados para armazenar e processar sequências de *bits* e são fundamentais para operações como contagem, registro e temporização.
- **Flip-Flops**: São os blocos de construção básicos dos circuitos sequenciais. Eles armazenam um único *bit* de dados e são usados para construir registradores, contadores e muitos outros circuitos sequenciais.
- **Registradores**: São grupos de *flip-flops* usados para armazenar dados. Eles podem ser usados para armazenar um número, para mover ou transferir dados de uma parte de um sistema para outra, ou para fazer operações lógicas e aritméticas.
- **Contadores**: São circuitos sequenciais que produzem uma sequência específica de números. Eles podem contar para cima, para baixo ou ambos. São usados em uma variedade de aplicações, desde a medição do tempo até a sequência de operações em um sistema.
- **Máquinas de Estado**: São dispositivos que podem estar em um de vários «estados». Eles mudam de estado em resposta a entradas externas e são usados para controlar sequências de operações em sistemas digitais.

A principal diferença entre circuitos combinacionais e sequenciais é que os circuitos combinacionais não têm memória, enquanto os circuitos sequenciais têm. Isso significa que os circuitos sequenciais podem "lembrar" informações anteriores, o que os torna adequados para tarefas como armazenamento de dados e sequenciamento de operações.

12.3 Técnicas de Minimização

A minimização de circuitos lógicos refere-se ao processo de simplificar as expressões booleanas de modo a usar o menor número possível de portas lógicas, reduzindo assim o tamanho, o custo e o consumo de energia do circuito. A minimização não altera a funcionalidade do circuito, mas otimiza sua implementação. Vamos explorar algumas das técnicas de minimização mais comuns:

- **Mapa de Karnaugh (K-map)**:
    - O Mapa de Karnaugh é uma técnica gráfica usada para simplificar expressões booleanas. Ele fornece uma representação visual das combinações de variáveis e permite que os projetistas identifiquem e agrupem termos que podem ser combinados.
    - Um K-map pode ter 2, 3, 4 ou mais variáveis. Cada célula do mapa representa uma combinação única das variáveis.
    - O objetivo é formar grupos de 1s (ou 0s, dependendo da minimização) e, com base nesses grupos, simplificar a expressão booleana.
    - Por exemplo, em um K-map de 2 variáveis, um grupo de dois 1s adjacentes pode representar uma simplificação de uma expressão AND de duas variáveis para uma única variável.
- Método de Quine-McCluskey (ou Método Tabular):
    - Este é um método algébrico e sistemático para simplificar expressões booleanas.
    - Começa listando todas as formas normais primas da função e, em seguida, usa um processo de combinação para eliminar termos redundantes.

- O método é particularmente útil para funções booleanas com muitas variáveis, onde o Mapa de Karnaugh pode se tornar impraticável.
- Embora seja mais demorado do que o K-map para funções com poucas variáveis, o Método de Quine-McCluskey é mais escalável e pode ser facilmente implementado por computadores.
- **Importância da Minimização**:
  - **Eficiência**: Circuitos minimizados usam menos componentes, o que pode reduzir custos e aumentar a confiabilidade.
  - **Desempenho**: Menos componentes geralmente significam que o circuito pode operar mais rapidamente, melhorando o desempenho geral.
  - **Consumo de Energia**: Circuitos mais simples consomem menos energia, o que é crucial para dispositivos alimentados por bateria e para reduzir o calor gerado em sistemas maiores.

Em resumo, as técnicas de minimização são ferramentas essenciais no design de circuitos digitais. Elas permitem que os engenheiros e projetistas criem circuitos mais eficientes, econômicos e confiáveis, otimizando o uso de recursos e melhorando o desempenho geral do sistema.

12.4 Multiplexadores e Demultiplexadores

Os multiplexadores (MUX) e demultiplexadores (DEMUX) são componentes essenciais no design e operação de sistemas digitais. Eles desempenham um papel crucial na seleção e roteamento de sinais em circuitos e sistemas. Antes de nos aprofundarmos em sua funcionalidade e importância, vamos entender o que são e como funcionam.

Definição:

- **Multiplexadores (MUX)**: Um multiplexador é um dispositivo que seleciona uma das várias entradas e a encaminha para uma única saída. Pense nele como um "interruptor" eletrônico que escolhe qual entrada será transmitida para a saída.
- **Demultiplexadores (DEMUX)**: Um demultiplexador realiza a operação oposta de um MUX. Ele pega uma entrada e a direciona para uma das várias saídas, com base em um conjunto de sinais de controle.

Importância dos Multiplexadores e Demultiplexadores:

1. **Maximização da Utilização de Recursos**:
   - Em sistemas de comunicação, os multiplexadores permitem que vários sinais sejam combinados e transmitidos simultaneamente por um único canal, otimizando a utilização do canal e reduzindo os custos.
2. **Flexibilidade e Configurabilidade**:
   - Os multiplexadores oferecem flexibilidade no design de circuitos, permitindo que diferentes funções sejam realizadas usando o mesmo hardware. Isso é particularmente útil em dispositivos programáveis, como FPGAs, onde a funcionalidade do circuito pode ser reconfigurada dinamicamente.
3. **Simplificação do Design**:
   - Em muitos designs de circuitos, a capacidade de selecionar entre várias entradas ou direcionar uma entrada para várias saídas pode simplificar significativamente o design geral, eliminando a necessidade de componentes adicionais ou lógica complexa.

4. **Operações de Controle**:
   - Em sistemas de controle e automação, os demultiplexadores são essenciais para direcionar sinais de controle para dispositivos específicos, permitindo operações seletivas e precisas.
5. **Integração com Sistemas de Memória**:
   - MUX e DEMUX são frequentemente usados em sistemas de memória para selecionar linhas ou colunas específicas em matrizes de memória, permitindo leituras e gravações eficientes.

Aplicações Práticas:

- **Comunicações**: Os multiplexadores são usados em sistemas de telecomunicações para combinar vários sinais de voz ou dados em um único canal de comunicação.
- **Design de CPU**: Dentro de uma CPU, os multiplexadores são usados para selecionar entre várias fontes de dados, como diferentes registradores ou entradas de memória.
- **Sistemas de Vídeo**: Em sistemas de exibição de vídeo, os demultiplexadores podem ser usados para direcionar sinais de vídeo para diferentes partes da tela ou para diferentes telas em sistemas multi-monitor.
- **Teste de Circuitos**: Os multiplexadores são frequentemente usados em equipamentos de teste para selecionar entre diferentes pontos de teste em um circuito.

Em resumo, os multiplexadores e demultiplexadores são componentes fundamentais em sistemas digitais, desempenhando um papel crucial na otimização, flexibilidade e eficiência do design. Seu entendimento e aplicação adequados são essenciais para qualquer engenheiro ou estudante que deseje se aprofundar no campo da arquitetura e design de sistemas digitais.

12.5 Memória Lógica

A memória desempenha um papel fundamental em sistemas digitais, servindo como um repositório para armazenar e recuperar informações. Em sua essência, a memória é composta por uma série de células que podem armazenar dados em formatos binários, ou seja, 0s e 1s. No domínio da lógica digital, os dispositivos que desempenham a função de memória são frequentemente representados por *latches* e *flip-flops*.

Latches e *flip-flops* são categorizados como circuitos sequenciais, o que significa que sua saída é determinada não apenas pelo estado atual de suas entradas, mas também por seus estados anteriores. Em outras palavras, eles têm a capacidade de «lembrar» seu estado anterior, tornando-os ideais para armazenar informações. Um *flip-flop*, por exemplo, é um dispositivo binário que pode armazenar um único *bit* de informação. Ele possui dois estados estáveis e pode ser usado para armazenar um estado lógico binário: 0 ou 1.

A distinção entre *latches* e *flip-flops* geralmente reside em como eles são controlados. Enquanto um *latch* é controlado por níveis de sinal, um *flip-flop* é controlado por bordas de sinal, tornando-o mais adequado para aplicações síncronas, como em sistemas de *clock*.

É importante notar que, enquanto *latches* e *flip-flops* são os blocos de construção básicos da memória em sistemas digitais, existem muitos outros tipos de dispositivos de memória, como RAM, ROM e caches, que são construídos a partir desses componentes fundamentais e são usados em aplicações mais complexas.

12.6 Desafios no Nível Lógico Digital

O Nível Lógico Digital, embora seja a espinha dorsal da computação, enfrenta vários desafios à medida que a tecnologia avança. Estes desafios são amplificados pela crescente demanda por dispositivos mais rápidos, menores e mais eficientes. Vamos explorar alguns desses desafios em detalhes:

- **Escalabilidade**:
  - **Densidade dos Transistores**: A Lei de Moore, proposta por Gordon Moore em 1965, previu que o número de transistores em um chip dobraria aproximadamente a cada dois anos. Isso levou a um aumento exponencial na densidade dos transistores. No entanto, à medida que os transistores se tornam extremamente pequenos, os desafios associados à fabricação, dissipação de calor e vazamento de corrente tornam-se mais proeminentes.
  - **Dissipação de Calor**: Com o aumento da densidade dos transistores, a dissipação de calor tornou-se um desafio significativo. Isso pode levar a problemas de superaquecimento, o que pode afetar adversamente o desempenho e a vida útil do dispositivo.
- **Consumo de Energia**:
  - **Eficiência Energética**: À medida que os dispositivos se tornam mais poderosos, o consumo de energia aumenta. Isso é especialmente preocupante para dispositivos móveis, onde a vida útil da bateria é crucial. Além disso, os *data centers*, que abrigam milhares de servidores, consomem uma quantidade significativa de energia, tornando a eficiência energética uma prioridade máxima.
  - **Vazamento de Corrente**: Em níveis menores de fabricação, o vazamento de corrente torna-se um problema significativo, levando a um consumo de energia desnecessário, mesmo quando o transistor não está ativamente comutando.
- **Interferência e Ruído**:
  - **Acoplamento Capacitivo**: À medida que os componentes se tornam mais próximos uns dos outros, o acoplamento capacitivo entre eles pode levar a interferências indesejadas. Isso pode resultar em sinais espúrios e degradação do desempenho.

- **Problemas de Confiabilidade**: A interferência e o ruído podem causar erros de *bit*, o que pode levar a falhas de sistema e reduzir a confiabilidade geral do dispositivo.

Conclusão

O Nível Lógico Digital é, sem dúvida, um dos níveis mais fundamentais na hierarquia da computação. Ele serve como a base para a operação de todos os sistemas computacionais. No entanto, à medida que avançamos para uma era de dispositivos mais compactos e poderosos, os desafios neste nível tornam-se cada vez mais complexos. Compreender esses desafios e trabalhar para superá-los é essencial para o futuro da tecnologia e da inovação. Para aqueles que buscam uma carreira em design de hardware, engenharia elétrica ou ciência da computação, ter uma compreensão sólida deste nível é de suma importância.

13. PARALELISMO E CONCORRÊNCIA

Introdução

O paralelismo e a concorrência são conceitos fundamentais na arquitetura de computadores modernos, permitindo que os sistemas executem várias tarefas simultaneamente, melhorando o desempenho e a eficiência. Embora esses termos sejam frequentemente usados de forma intercambiável, eles têm significados distintos e implicações diferentes para o design e a operação dos sistemas computacionais.

13.1 Definições

Paralelismo

O paralelismo refere-se à capacidade de um sistema de executar várias operações ou tarefas simultaneamente. Em termos práticos, isso significa que várias instruções podem ser processadas ao mesmo tempo, especialmente em sistemas que possuem múltiplos núcleos ou processadores. O principal objetivo do paralelismo é melhorar a velocidade e o desempenho do sistema. Por exemplo, em uma CPU com múltiplos núcleos, várias instruções podem ser processadas simultaneamente, com cada instrução sendo processada em um núcleo diferente (Lamport, 1978).

Concorrência

A concorrência, por outro lado, é a capacidade de um sistema de gerenciar e coordenar a execução de várias tarefas, mesmo que essas tarefas não sejam necessariamente executadas ao mesmo tempo. Em outras palavras, a concorrência está mais relacionada à gestão de tarefas e à garantia de que cada tarefa tenha uma oportunidade de ser executada, independentemente de estarem sendo processadas simultaneamente ou não. Rob Pike, um dos criadores da linguagem de programação Go, descreveu a diferença entre concorrência e paralelismo da seguinte forma: "Concorrência é sobre lidar com muitas coisas ao mesmo tempo, enquanto paralelismo é sobre fazer muitas coisas ao mesmo tempo. Concorrência é sobre estrutura, paralelismo é sobre execução" (Pike, 2012).

13.2 Tipos de Paralelismo

O paralelismo, como conceito central na arquitetura de computadores, pode ser categorizado de várias maneiras com base em como as operações são paralelizadas. Aqui, vamos aprofundar nossa compreensão dos três tipos principais de paralelismo: Paralelismo de Instruções, Paralelismo de Dados e Paralelismo de Tarefas.

1. **Paralelismo de Instruções (ILP):** O Paralelismo de Instruções refere-se à execução simultânea de várias instruções de um único fluxo de instruções. Em outras palavras, várias instruções de um programa são executadas ao mesmo tempo, mas cada instrução pode estar em uma fase diferente de sua execução. Os processadores superescalares são um exemplo clássico que utiliza ILP. Eles possuem várias unida-

des de execução e podem iniciar várias instruções em cada ciclo de *clock*. Os processadores VLIW (Very Long Instruction Word) também empregam ILP, onde cada instrução de máquina é composta por várias operações menores que são executadas simultaneamente (Hennessy; Patterson, 2011).

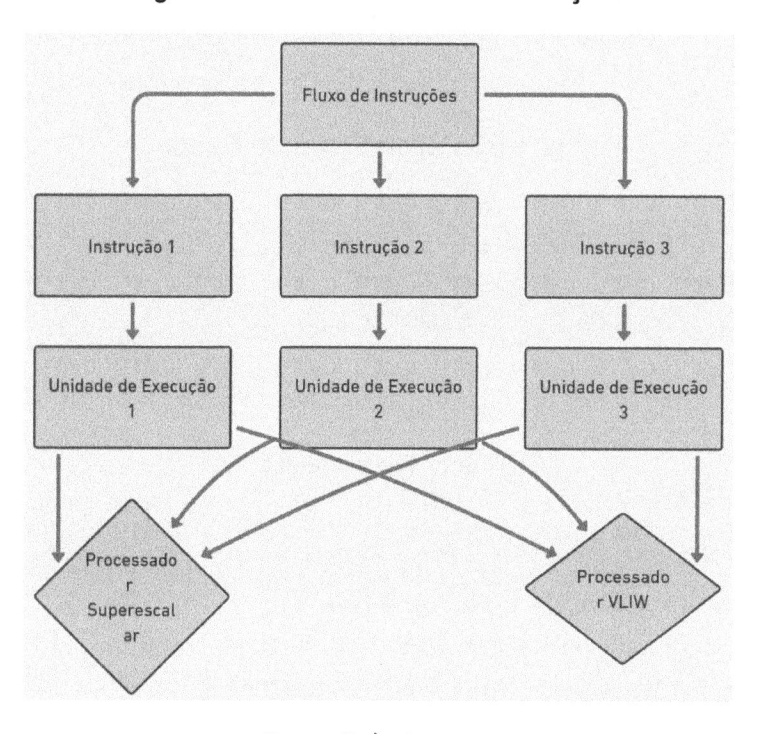

Figura 32 Paralelismo de Instruções

[Diagrama: Fluxo de Instruções → Instrução 1, Instrução 2, Instrução 3 → Unidade de Execução 1, Unidade de Execução 2, Unidade de Execução 3 → Processador Superescalar / Processador VLIW]

Fonte: Próprio autor

No diagrama, você pode ver um fluxo de instruções que se divide em várias instruções individuais. Cada instrução é então encaminhada para uma unidade de execução específica. Estas unidades de execução podem fazer parte de um processador superescalar ou de um processador VLIW, ambos capazes de executar várias instruções simultaneamente.

2. **Paralelismo de Dados (DLP):** No Paralelismo de Dados, uma única instrução é aplicada a diferentes conjuntos de dados simultaneamente. Isso é particularmente útil em operações que envolvem vetores ou matrizes, onde a mesma operação (por exemplo, adição ou multiplicação) precisa ser realizada em cada elemento. Os processadores vetoriais são projetados especificamente para esse tipo de paralelismo, onde uma única instrução pode causar, por exemplo, a adição de dois vetores inteiros de uma só vez (Flynn, 1972).

Figura 33 Paralelismo de Dados

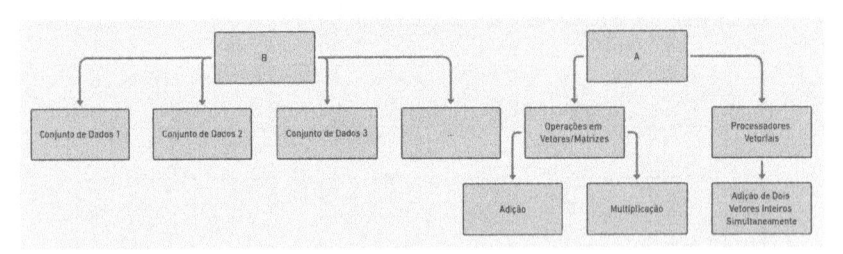

Fonte: Próprio autor

No diagrama, você pode observar:
- O conceito central de **Paralelismo de Dados (DLP)**.
- A ideia de que uma **Instrução Única** é aplicada a diferentes **Conjuntos de Dados** simultaneamente.
- A aplicação de operações em **Vetores/Matrizes**, como adição e multiplicação.
- A menção aos **Processadores Vetoriais**, que são projetados especificamente para esse tipo de paralelismo e podem realizar operações como a adição de dois vetores inteiros de uma só vez.

3. **Paralelismo de Tarefas (TLP):** O Paralelismo de Tarefas envolve a execução de diferentes fluxos de instruções ou

threads em paralelo. Em vez de focar em paralelizar instruções individuais ou operações de dados, o TLP se concentra em executar diferentes tarefas ou *threads* simultaneamente. Isso é comum em sistemas *multicore*, onde cada núcleo pode executar uma *thread* diferente, e em sistemas multiprocessadores, onde cada processador pode executar um programa ou processo diferente (Tanenbaum; Woodhull, 1997).

Figura 34 Paralelismo de Tarefas

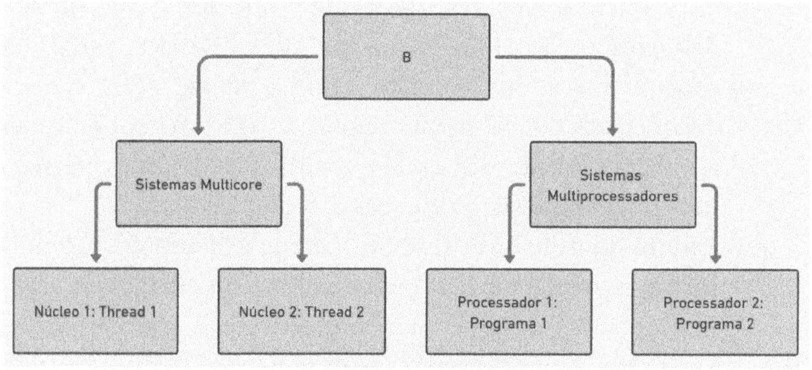

Fonte: Próprio autor

O diagrama destaca como o Paralelismo de Tarefas se concentra na execução de diferentes fluxos de instruções ou *threads* em paralelo. Ele mostra a distinção entre sistemas *multicore*, onde cada núcleo pode executar uma *thread* diferente, e sistemas multiprocessadores, onde cada processador pode executar um programa ou processo diferente.

13.3 Desafios do Paralelismo e Concorrência

O paralelismo e a concorrência são técnicas utilizadas para melhorar o desempenho dos sistemas computacionais, permitindo

que várias tarefas sejam executadas simultaneamente. No entanto, a implementação dessas técnicas apresenta vários desafios:
- **Hazards de Dados:** Surge quando duas ou mais instruções dependem dos mesmos dados. Por exemplo, se uma instrução está lendo um valor de um registro enquanto outra instrução está tentando escrever no mesmo registro, pode ocorrer um *hazard* de dados.
- **Hazards de Controle:** Ocorre quando o fluxo de execução é alterado, como em desvios ou saltos. Isso pode causar problemas quando as instruções que deveriam ser executadas em sequência são alteradas devido a um desvio inesperado.
- **Sincronização:** É essencial garantir que várias *threads* ou processos acessem recursos compartilhados de maneira coordenada. Sem uma sincronização adequada, pode haver condições de corrida, onde os resultados de uma operação dependem da ordem de execução das *threads*.
- **Balanceamento de Carga:** Refere-se à distribuição uniforme de tarefas entre os processadores ou núcleos. Se algumas unidades de processamento estiverem sobrecarregadas enquanto outras estiverem ociosas, isso pode levar a gargalos no sistema.

13.4 Técnicas para Melhorar o Paralelismo e Concorrência

Para superar os desafios do paralelismo e concorrência, várias técnicas foram desenvolvidas:
- **Pipelining:** Esta técnica divide a execução de uma instrução em vários estágios. Cada estágio é responsável por uma parte da execução da instrução. Isso permite que várias instruções sejam executadas simultaneamente em diferentes estágios, melhorando o *throughput* do sistema.
- **Multithreading:** Ao permitir que várias *threads* sejam executadas por um único processador, o sistema pode alternar

rapidamente entre elas, aproveitando melhor o tempo de CPU e reduzindo o tempo de inatividade.
- **Locks e Semáforos:** São mecanismos de sincronização que garantem que os recursos compartilhados sejam acessados de maneira segura. Um *lock* garante que apenas uma *thread* possa acessar um recurso de cada vez, enquanto um semáforo permite que um número limitado de *threads* acesse um recurso.
- **Programação Paralela:** Existem várias linguagens e *frameworks* projetados especificamente para facilitar a escrita de código paralelo. Por exemplo, OpenMP é uma API que suporta programação multiplataforma compartilhada de memória, enquanto CUDA é uma plataforma de computação paralela e modelo de programação inventado pela NVIDIA, que permite aumentar significativamente o desempenho computacional usando GPUs.

Conclusão

O paralelismo e a concorrência são essenciais para aproveitar ao máximo os recursos disponíveis em sistemas computacionais modernos. Embora apresentem desafios significativos em termos de design e programação, as recompensas em termos de desempenho e eficiência são consideráveis. À medida que os sistemas se tornam cada vez mais complexos, a compreensão desses conceitos se torna ainda mais crucial para os profissionais da área.

14. CACHE E GERENCIAMENTO DE MEMÓRIA

Introdução

O gerenciamento eficiente da memória é crucial para o desempenho e a funcionalidade de um sistema computacional. A memória cache e as técnicas de gerenciamento de memória desempenham um papel vital na otimização do acesso à memória, reduzindo a latência e melhorando o desempenho geral do sistema.

14.1 Memória Cache

A memória cache é uma pequena quantidade de memória de alta velocidade localizada entre a CPU e a memória principal. Ela armazena temporariamente os dados frequentemente acessados para reduzir o tempo que a CPU leva para buscar dados da memória principal.

14.1.1 Níveis de Cache

- **L1 (Cache de Nível 1)**: Localizado diretamente no chip da CPU, o L1 é o cache mais rápido e também o menor. Ele é projetado para minimizar a latência e fornecer dados rapidamente para a CPU. Devido ao seu tamanho limitado, ele não pode armazenar uma grande quantidade de dados, mas é eficiente em fornecer acesso rápido a instruções e dados frequentemente usados (Wikepedia, 2022).
- **L2 (Cache de Nível 2)**: O L2 é maior que o L1 e, embora seja um pouco mais lento, ainda é muito mais rápido que a memória principal. Ele atua como um intermediário entre o L1 e o L3, armazenando mais dados do que o L1, mas com uma latência ligeiramente maior. Em muitos designs modernos, cada núcleo da CPU tem seu próprio L2 (Wikepedia, 2022).
- **L3 (Cache de Nível 3)**: O L3 é ainda maior que o L2 e é compartilhado entre vários núcleos da CPU. Ele é usado para armazenar dados que não cabem no L1 ou L2 e é compartilhado entre todos os núcleos de uma CPU. Isso ajuda a reduzir a latência quando os núcleos precisam acessar os mesmos dados (Wikepedia, 2022).

14.1.2 Políticas de Cache

- **Política de Escrita**: Esta política define como os dados são atualizados na cache e na memória principal. As duas abordagens principais são:
  - <u>Write-through</u>: Nesta abordagem, cada vez que um item é atualizado na cache, ele também é atualizado na memória principal. Isso garante a consistência dos dados, mas pode aumentar a latência de escrita (Hennessy; Patterson, 2017).

- Write-back: Aqui, os dados são atualizados apenas na cache. A memória principal é atualizada apenas quando o bloco de cache é substituído. Isso pode melhorar o desempenho, mas corre o risco de inconsistência de dados se a cache falhar antes que os dados sejam gravados de volta na memória principal (Hennessy; Patterson, 2017).
- **Política de Substituição**: Define qual bloco de dados será substituído quando a cache estiver cheia. As políticas comuns incluem:
  - LRU (Least Recently Used): Esta política substitui o bloco que não foi usado por mais tempo (Hennessy; Patterson, 2017).
  - FIFO (First In, First Out): Como o nome sugere, o primeiro bloco que entrou na cache é o primeiro a ser substituído (Hennessy; Patterson, 2017).

14.2 Gerenciamento de Memória

O gerenciamento de memória é uma área crucial da ciência da computação que se refere ao conjunto de técnicas empregadas para controlar como os blocos de memória são alocados para os programas. Segundo Tanenbaum (2009), essas técnicas são essenciais para garantir a eficiência e a estabilidade dos sistemas operacionais e das aplicações que neles operam.

O gerenciamento de memória é uma função essencial dos sistemas operacionais, garantindo que os programas em execução tenham acesso eficiente e seguro à memória. Existem várias técnicas e estratégias para gerenciar a memória:

a) **Particionamento Fixo**: Neste método, a memória é dividida em partições de tamanho fixo. Cada partição tem um tamanho predefinido e não muda independentemente da quantidade de memória que um programa ou processo requer. Esta abordagem é simples, mas pode levar a ineficiências, como a fragmentação. Silberschatz, Galvin e Gagne (2013) apontam que isso pode levar a situações em que a memória é subutilizada ou desperdiçada se um programa não precisar de toda a memória alocada em uma partição específica.

b) **Particionamento Variável**: Contrariamente ao particionamento fixo, no particionamento variável, a memória é dividida em partições de tamanho variável. O tamanho de cada partição é determinado com base nas necessidades específicas de um programa ou processo. Isso permite uma utilização mais eficiente da memória, pois as partições podem ser redimensionadas conforme a demanda, evitando a fragmentação (Stallings, 2014).

c) **Paginação**: Divide a memória física em blocos de tamanho fixo chamados páginas. Quando um programa precisa de memória, ele é alocado uma ou mais páginas. Esta técnica permite que a memória seja utilizada de forma mais granular, reduzindo o desperdício de memória e facilitando o gerenciamento.

d) **Segmentação**: Divide a memória em segmentos com base na natureza e no tipo de dados ou instruções. Cada segmento pode ter um tamanho diferente e é alocado com base nas necessidades específicas de um programa. Isso permite um acesso mais organizado e protegido à memória.

e) **Memória Virtual**: Permite que os programas excedam a memória física disponível, usando o espaço do disco como uma extensão da memória principal. Isso é feito através de uma combinação de paginação e segmentação, permitindo que os programas operem como se tivessem acesso a uma quantidade quase ilimitada de memória.

14.3 Desafios no Gerenciamento de Memória

O gerenciamento eficaz da memória é crucial para o desempenho e a estabilidade dos sistemas operacionais e das aplicações. No entanto, existem vários desafios associados a ele:
- **Fragmentação**: A fragmentação é um dos problemas mais comuns no gerenciamento de memória. Ocorre quando o espaço de memória é desperdiçado devido à forma como os programas são alocados e liberados. Existem dois tipos principais de fragmentação:
  - **Fragmentação Interna**: Ocorre quando um bloco de memória alocado a um programa é maior do que o necessário. O espaço não utilizado dentro desse bloco é desperdiçado.
  - **Fragmentação Externa**: Ocorre quando há espaço livre na memória, mas está dividido em blocos pequenos e dispersos que não são contíguos. Isso pode impedir a alocação de programas maiores, mesmo que haja espaço total suficiente disponível.
- **Falha de Página**: Uma falha de página ocorre quando um programa tenta acessar uma página de memória que não está atualmente na memória principal, mas sim em um armazenamento secundário, como um disco rígido. Quando isso acontece, o sistema operacional precisa recuperar essa página do armazenamento secundário e colocá-la na memória principal, um processo que pode ser demorado e levar a um desempenho reduzido. A otimização do gerenciamento de páginas e a minimização das falhas de página são essenciais para manter um desempenho eficiente (Stallings, 2014).
- **Coerência de Cache**: Em sistemas multiprocessadores, onde cada processador pode ter seu próprio cache, surge o desafio de manter a coerência de cache. Isso significa garantir que todos os processadores tenham uma visão consisten-

te e atualizada dos dados. Se um processador modifica um valor em seu cache, essa mudança precisa ser refletida nos caches de outros processadores para evitar inconsistências (Tanenbaum; BOS, 2015).

14.4 Técnicas Avançadas

- **Prefetching**: O *prefetching* é uma técnica proativa usada para melhorar a eficiência da cache. Em vez de esperar que um programa solicite dados específicos e, em seguida, buscar esses dados da memória principal, o *prefetching* antecipa quais dados serão necessários em breve e os busca antecipadamente. Isso é feito com base em padrões de acesso anteriores e algoritmos preditivos. Ao ter os dados prontamente disponíveis na cache antes de serem realmente necessários, o *prefetching* pode reduzir significativamente as falhas de cache e melhorar o desempenho geral do sistema (Stallings, 2014).
- **Cache Associativa**: Tradicionalmente, em uma cache de mapeamento direto, um bloco de dados da memória principal tem um local específico na cache onde pode ser armazenado. No entanto, com a cache associativa, essa restrição é removida. Um bloco de dados pode ser armazenado em qualquer lugar da cache, independentemente de seu endereço na memória principal. Isso é feito usando um conjunto de comparadores que verifica simultaneamente todos os blocos da cache. Embora a cache associativa possa reduzir as falhas de cache ao permitir uma maior flexibilidade na armazenagem de dados, ela também pode ser mais complexa e cara de implementar devido à necessidade de comparadores adicionais (Tanenbaum; Bos, 2015).

Conclusão

Cache e gerenciamento de memória são fundamentais para otimizar o desempenho do sistema e garantir que os programas sejam executados de maneira eficiente. Com a crescente demanda por velocidade e capacidade, as técnicas de gerenciamento de memória continuam a evoluir, tornando-se cada vez mais sofisticadas e essenciais para a arquitetura de computadores modernos.

15. SEGURANÇA E PRIVACIDADE EM ARQUITETURA DE COMPUTADORES

A segurança e a privacidade têm se tornado preocupações crescentes no mundo da computação. Com a evolução da tecnologia e a crescente dependência de sistemas computacionais em quase todos os aspectos de nossas vidas, garantir a integridade, confidencialidade e disponibilidade dos dados tornou-se imperativo.

15.1 Ameaças à Segurança

Com o advento da Internet e a proliferação de dispositivos conectados, as ameaças à segurança se multiplicaram. *Malwares, ransomwares*, ataques de negação de serviço e violações de dados são apenas alguns dos muitos riscos que os sistemas enfrentam. Essas ameaças não se limitam apenas ao software, mas também podem explorar vulnerabilidades no nível da arquitetura do hardware (Stallings, 2014).

15.2 Proteção na Arquitetura de Hardware

Os fabricantes de chips têm integrado mecanismos de segurança diretamente no hardware. Por exemplo, a execução confiável, onde certas áreas da memória são isoladas para garantir que o código sensível possa ser executado sem interferência. Outra inovação é a criptografia baseada em hardware, que pode acelerar operações criptográficas, tornando-as mais eficientes e seguras contra ataques (Tanenbaum; Bos, 2015).

15.3 Privacidade e Armazenamento de Dados

A privacidade está intrinsecamente ligada à segurança. A arquitetura de computadores moderna deve garantir que os dados pessoais sejam armazenados de forma segura, acessíveis apenas por entidades autorizadas. Técnicas como a Tokenização, que substitui dados sensíveis por identificadores não sensíveis, são usadas para proteger informações pessoais e financeiras.

15.4 Desafios Futuros

À medida que avançamos para uma era de computação quântica e dispositivos de IoT (Internet das Coisas) cada vez mais integrados, os desafios de segurança e privacidade se tornarão ainda mais complexos. A arquitetura de computadores precisará evoluir para enfrentar esses desafios, incorporando princípios de design seguro desde o início e garantindo que a privacidade do usuário seja mantida em todos os níveis.

Conclusão

A segurança e a privacidade em arquitetura de computadores não são mais uma reflexão tardia, mas sim componentes centrais do design e implementação de sistemas. À medida que enfrentamos ameaças crescentes e evoluímos para um mundo cada vez mais digital, a necessidade de sistemas seguros e confiáveis só aumentará.

16. REDES E COMUNICAÇÃO EM ARQUITETURA DE COMPUTADORES

A evolução da arquitetura de computadores está intrinsecamente ligada ao desenvolvimento de redes e sistemas de comunicação. A capacidade de conectar computadores e permitir a comunicação entre eles revolucionaram a maneira como interagimos com a tecnologia e como os sistemas são projetados e implementados.

16.1 Histórico e Evolução

A história das redes de computadores é uma tapeçaria rica e complexa, entrelaçada com avanços tecnológicos e inovações que moldaram a maneira como vivemos e trabalhamos hoje. Desde os primeiros dias da computação, havia um desejo palpável de conectar máquinas para compartilhar recursos e informações. Esta aspiração não era apenas técnica, mas também social, pois as pessoas viam o potencial de usar a tecnologia para se conectar e colaborar de maneiras anteriormente inimagináveis.

Os primeiros sistemas de redes, como o ARPANET nos anos 1960, eram simples e limitados em escopo. Eles eram frequentemente restritos a instituições acadêmicas e militares, e a comunicação era rudimentar. No entanto, esses sistemas iniciais estabeleceram as bases para as redes modernas, introduzindo conceitos e protocolos que ainda são usados hoje (Tanenbaum, 2011).

A década de 1970 viu o surgimento de redes locais (LANs), permitindo a comunicação entre computadores em uma área geográfica limitada, como um edifício ou campus. Foi também nesta época que a Ethernet foi desenvolvida por Robert Metcalfe e sua equipe na Xerox PARC. A Ethernet usava cabos coaxiais para transmitir dados e, eventualmente, tornou-se o padrão dominante para LANs.

No entanto, foi na década de 1980 que a revolução real começou. Com o advento da Ethernet e, mais crucialmente, do protocolo TCP/IP, a ideia de uma "rede de redes" começou a tomar forma. O TCP/IP, desenvolvido por Vint Cerf e Bob Kahn, permitiu que redes diferentes se comunicassem entre si, levando à criação da Internet. Esta "interconexão" de redes permitiu a comunicação global, transformando o mundo em uma aldeia global.

A popularização da Internet na década de 1990, impulsionada pela invenção do *World Wide Web* por Tim Berners-Lee, mudou tudo. De repente, a informação estava ao alcance de todos, e a comunicação global tornou-se uma realidade cotidiana. Empresas, governos e indivíduos começaram a perceber o poder e o potencial da Internet, levando a avanços em comércio eletrônico, comunicação e colaboração.

Esses desenvolvimentos foram fundamentais para moldar a arquitetura de computadores moderna. Em um mundo onde a conectividade é rei, os sistemas de computador são agora projetados com a comunicação em mente. A capacidade de se conectar a redes, seja local ou globalmente, tornou-se um recurso padrão, e a arquitetura de computadores teve que evoluir para acomodar essa nova realidade.

Hoje, com a proliferação de dispositivos móveis, IoT e tecnologias de nuvem, a rede e a comunicação continuam a ser centrais para a arquitetura de computadores. Estamos em uma era onde bilhões de dispositivos estão conectados, comunicando-se e compartilhando dados em tempo real, e a arquitetura de computadores está no coração dessa revolução.

16.2 Componentes de Rede em Arquitetura de Computadores

A integração de componentes de rede na arquitetura de computadores é evidente em várias formas:

- **Interfaces de Rede (NICs)**: Dispositivos que facilitam a comunicação entre o computador e as redes. Eles traduzem os dados do computador em formatos transmissíveis e vice-versa (Stallings, 2016).
- **Switches e Roteadores**: Enquanto os *switches* são responsáveis por direcionar o tráfego de dados dentro de redes locais, os roteadores conectam diferentes redes, direcionando o tráfego entre elas.
- **Barramentos de Dados**: Facilitam a comunicação entre diferentes componentes do computador, incluindo a NIC e outros dispositivos.

16.3 Protocolos e Padrões

Os protocolos definem as regras para a comunicação entre dispositivos. O TCP/IP, por exemplo, é o protocolo dominante usado na Internet. Ele define como os dados são divididos em pacotes, transmitidos e, em seguida, reagrupados no destino (KUROSE; ROSS, 2012).

Outros protocolos, como o UDP, são usados para transmissão de dados em tempo real, onde a entrega rápida é mais crucial do que a integridade completa dos dados.

16.4 Desafios e Tendências Futuras

Com o crescimento da Internet das Coisas (IoT) e a crescente demanda por conectividade em todos os aspectos de nossas vidas, a arquitetura de computadores enfrenta novos desafios. A necessidade de baixo consumo de energia, alta eficiência e segurança robusta são mais críticas do que nunca (Mckeown; Maltzahn, 2018).

Além disso, com o advento da computação em nuvem e *edge computing*, os sistemas são projetados para operar em ambientes distribuídos, onde a comunicação eficiente e confiável é fundamental.

Conclusão

A integração de redes e comunicação na arquitetura de computadores transformou a maneira como os sistemas são projetados e operados. À medida que avançamos para um mundo cada vez mais conectado, a importância da comunicação eficiente e segura só aumentará.

17. ARQUITETURAS DE COMPUTADORES MODERNAS

A evolução da arquitetura de computadores tem sido marcada por inovações contínuas que buscam otimizar o desempenho, a eficiência energética e a adaptabilidade a diferentes aplicações. Duas arquiteturas que se destacaram recentemente no cenário tecnológico são a ARM e a RISC-V. Ambas representam abordagens inovadoras para o design de processadores e têm implicações significativas para o futuro da computação.

17.1 Arquitetura ARM

A Arquitetura ARM, originalmente desenvolvida pela ARM Holdings, é uma família de arquiteturas de processadores RISC (Reduced Instruction Set Computer). Ela é amplamente reconhecida por sua eficiência energética, tornando-a uma escolha preferida para dispositivos móveis, como *smartphones* e *tablets* (Furber, 2000).

Características Principais:

- **Conjunto de Instruções Simplificado:** A ARM utiliza um conjunto de instruções reduzido, permitindo operações mais rápidas e eficientes em termos de energia.
- **Eficiência Energética:** Projetada para operar com baixo consumo de energia, a arquitetura ARM é ideal para dispositivos alimentados por bateria.
- **Licenciamento Flexível:** A ARM Holdings não fabrica chips, mas licencia sua arquitetura para outros fabricantes, permitindo uma ampla variedade de implementações personalizadas (Wolf, 2016).

17.2 Arquitetura RISC-V

RISC-V é uma arquitetura de conjunto de instruções aberta baseada em princípios RISC. Ao contrário de outras arquiteturas proprietárias, RISC-V é livre para ser usado, modificado e distribuído, o que tem implicações significativas para a inovação e a colaboração na indústria de semicondutores (Waterman *et al.*, 2017).

Características Principais:

- **Open Source:** A natureza aberta da RISC-V permite que os designers personalizem e expandam a arquitetura conforme necessário, sem restrições de licenciamento.
- **Modularidade:** RISC-V é projetado com uma abordagem modular, permitindo que os designers escolham apenas os componentes que precisam.
- **Comunidade Ativa:** Devido à sua natureza aberta, RISC-V tem uma comunidade ativa de desenvolvedores e pesquisadores trabalhando para melhorar e expandir a arquitetura (Lee, 2018).

Conclusão

As arquiteturas ARM e RISC-V representam abordagens modernas para o design de processadores, cada uma com suas vantagens e desafios. Enquanto a ARM domina o mercado de dispositivos móveis devido à sua eficiência energética, a RISC-V oferece uma promessa de maior flexibilidade e inovação graças à sua natureza aberta. À medida que a demanda por computação de alto desempenho e eficiência energética continua a crescer, é provável que ambas as arquiteturas desempenhem um papel crucial no futuro da indústria de semicondutores.

18. COMPUTAÇÃO EM NUVEM

A A computação em nuvem, ao longo da última década, emergiu como uma força dominante na indústria de TI, redefinindo a maneira como as organizações e indivíduos consomem e entregam recursos de computação. Em vez de depender exclusivamente de infraestrutura local, a computação em nuvem permite o acesso flexível a recursos de TI sob demanda através da Internet, promovendo escalabilidade, eficiência e economia de custos (Mell & Grance, 2011).

18.1 Conceitos Básicos e Modelos de Serviço

A computação em nuvem é caracterizada por fornecer serviços de computação, armazenamento e aplicativos através da Internet. Estes serviços são categorizados em três modelos principais, cada um atendendo a necessidades específicas (Armbrust et al., 2010):

18.1.1 Infraestrutura como Serviço (IaaS)

IaaS fornece aos usuários acesso a recursos fundamentais como servidores físicos, redes e armazenamento de dados. Os usuários têm controle sobre os recursos, mas não sobre a infraestrutura subjacente. Isso permite uma flexibilidade significativa, pois os usuários podem configurar os recursos conforme necessário, pagando apenas pelo que usam. Amazon Web Services (AWS), Microsoft Azure e Google Cloud Platform são exemplos proeminentes de provedores IaaS (Hayes, 2008).

18.1.2 Plataforma como Serviço (PaaS)

PaaS oferece uma plataforma integrada que permite aos desenvolvedores criar, testar e implantar aplicativos sem se preocupar com a infraestrutura subjacente. Isso não apenas acelera o processo de desenvolvimento, mas também reduz a complexidade associada à gestão de infraestruturas. Google App Engine, Heroku e Microsoft Azure App Service são exemplos de soluções PaaS (Vaquero et al., 2009).

18.1.3 Software como Serviço (SaaS)

SaaS entrega aplicativos completos aos usuários através da Internet. Os aplicativos são hospedados e mantidos pelo provedor, eliminando a necessidade de instalação ou manutenção local. Isso proporciona uma economia significativa em termos de custos e recursos. Exemplos notáveis incluem Google Workspace, Microsoft Office 365, Salesforce e Dropbox (Sultan, 2010).

18.2 Benefícios e Desafios da Computação em Nuvem

A adoção da computação em nuvem oferece uma série de benefícios, incluindo escalabilidade, flexibilidade, redução de custos e acesso a tecnologias avançadas. No entanto, também apresenta desafios, como questões de segurança, dependência de provedores e preocupações com a privacidade dos dados (Zhang et al., 2010).

Conclusão

A computação em nuvem, com seus diversos modelos de serviço, representa uma evolução significativa na forma como os recursos de TI são consumidos e provisionados. À medida que a tecnologia continua a evoluir, é provável que vejamos ainda mais inovações e aplicações desta abordagem transformadora.

19. VIRTUALIZAÇÃO EM ARQUITETURA DE COMPUTADORES

A virtualização, no contexto da arquitetura de computadores, refere-se à criação de versões virtuais de recursos físicos, como servidores, sistemas operacionais, redes e dispositivos de armazenamento. Esta técnica permite que múltiplas instâncias de sistemas operacionais ou aplicações sejam executadas em uma única máquina física, otimizando o uso de recursos e proporcionando flexibilidade e escalabilidade (Smith & Nair, 2005).

19.1 Conceitos Básicos de Virtualização

A virtualização é realizada por meio de software, conhecido como hipervisor ou monitor de máquina virtual (VMM). Este software reside entre o hardware e o sistema operacional e permite que múltiplas máquinas virtuais (VMs) sejam criadas e gerenciadas em um único *host* físico (Goldberg, 1974).

19.2 Tipos de Virtualização

A virtualização, em sua essência, pode ser implementada de várias maneiras, dependendo das necessidades específicas e dos recursos disponíveis. Cada abordagem tem suas próprias características e vantagens. Uma das abordagens mais tradicionais e amplamente adotadas é a virtualização completa.

19.2.1 Virtualização Completa

Neste modelo, o hipervisor emula todos os componentes de hardware para as VMs. Cada VM acredita que tem acesso exclusivo ao hardware, enquanto, na realidade, o hipervisor está intermediando e gerenciando o acesso (Popek & Goldberg, 1974).

19.2.2 Paravirtualização

Ao contrário da virtualização completa, na paravirtualização, o sistema operacional da VM é consciente que está sendo virtualizado. Isso permite uma comunicação mais eficiente entre a VM e o hipervisor, resultando em melhor desempenho (Barham *et al.*, 2003).

19.2.3 Virtualização de Nível de Sistema Operacional

Neste tipo, o hipervisor utiliza o mesmo núcleo do sistema operacional para todas as VMs. Isso é comum em ambientes de contêineres, como Docker, onde cada contêiner compartilha o mesmo núcleo do sistema operacional, mas opera em espaços de usuário isolados (Solomon, 2018).

19.3 Benefícios da Virtualização

A virtualização oferece uma série de benefícios, incluindo:
- **Isolamento**: Cada VM opera de forma independente, garantindo que falhas ou problemas em uma VM não afetem outras VMs no mesmo *host* (Smith & Nair, 2005).

- **Economia de Custos**: Permite a consolidação de servidores, reduzindo a necessidade de hardware e os custos associados (Clark *et al.*, 2004).
- **Flexibilidade**:VMs podem ser facilmente migradas, clonadas ou replicadas, proporcionando flexibilidade e facilitando a recuperação de desastres e a continuidade dos negócios (Nelson *et al.*, 2005).

19.4 Desafios da Virtualização

Apesar de seus benefícios, a virtualização também apresenta desafios, como a sobrecarga de desempenho devido à intermediação do hipervisor, questões de segurança relacionadas ao isolamento de VMs e a complexidade de gerenciamento em ambientes altamente virtualizados (Rosenblum & Garfinkel, 2005).

Conclusão

A virtualização desempenha um papel crucial na arquitetura de computadores moderna, permitindo uma utilização mais eficiente dos recursos e proporcionando flexibilidade e escalabilidade. À medida que a tecnologia continua a evoluir, é provável que vejamos ainda mais inovações neste campo.

20. SISTEMAS EMBARCADOS E IOT

Introdução

Os sistemas embarcados e a Internet das Coisas (IoT) representam duas das áreas mais dinâmicas e revolucionárias da tecnologia contemporânea. Enquanto os sistemas embarcados têm sido a espinha dorsal de dispositivos e aplicações específicas por décadas, a IoT amplia essa integração, conectando dispositivos a redes globais para coletar, compartilhar e analisar dados em tempo real.

20.1 Sistemas Embarcados

20.1.1 Definição e Características

Um sistema embarcado é um sistema de computação projetado para realizar funções ou tarefas dedicadas, em vez de ser um computador de propósito geral. Eles são otimizados para executar aplicações específicas e, muitas vezes, têm requisitos de tempo real. Exemplos incluem sistemas de controle em automóveis, máquinas de lavar, câmeras digitais e robôs industriais (Wolf, 2011).

20.1.2 Aplicações e Desafios

Os sistemas embarcados são onipresentes em nossa vida diária. No entanto, eles vêm com desafios, como restrições de memória, capacidade de processamento limitada e necessidade de eficiência energética. A otimização desses sistemas para atender a requisitos específicos é uma área de pesquisa contínua (Marwedel, 2010).

20.2 Internet das Coisas (IoT)

20.2.1 Definição e Visão Geral

A Internet das Coisas refere-se à interconexão de dispositivos físicos, veículos, eletrodomésticos e outros objetos com a Internet, permitindo que coletam e compartilhem dados. A IoT tem o potencial de revolucionar setores inteiros, desde a saúde até a manufatura e o transporte (Ashton, 2009).

20.2.2 Aplicações e Potencial

A IoT tem uma ampla gama de aplicações, incluindo cidades inteligentes, agricultura de precisão, monitoramento de saúde e gestão de energia. A capacidade de coletar dados em tempo real e tomar decisões informadas pode levar a operações mais eficientes e melhor qualidade de vida (Gubbi *et al.*, 2013).

20.2.3 Desafios e Considerações

Apesar de seu potencial, a IoT também apresenta desafios, principalmente em termos de segurança, privacidade e interoperabilidade. Garantir que os dispositivos IoT sejam seguros e que os dados coletados sejam protegidos é fundamental para a adoção generalizada da tecnologia (Atzori *et al.*, 2010).

Conclusão

Tanto os sistemas embarcados quanto a IoT estão moldando o futuro da tecnologia e têm o potencial de transformar a maneira como vivemos e trabalhamos. À medida que essas tecnologias continuam a evoluir, é essencial abordar os desafios associados para garantir que sejam implementadas de maneira eficaz e segura.

21. INTELIGÊNCIA ARTIFICIAL E APRENDIZADO DE MÁQUINA

Introdução

A Inteligência Artificial (IA) e o Aprendizado de Máquina (AM) são campos interdisciplinares que buscam criar sistemas capazes de simular habilidades humanas, como raciocínio, aprendizado e adaptação. Essas tecnologias têm experimentado avanços significativos nas últimas décadas e estão desempenhando um papel cada vez mais central em uma variedade de aplicações, desde assistentes virtuais até diagnósticos médicos (Russell & Norvig, 2010).

21.1 Conceitos Básicos e Aplicações

21.1.1 Inteligência Artificial

A IA refere-se à simulação de inteligência humana em máquinas. Isso envolve a criação de algoritmos que permitem que as máquinas tomem decisões, reconheçam padrões e aprendam com experiências anteriores. As aplicações da IA são vastas e incluem reconhecimento de voz, processamento de linguagem natural, robótica e sistemas de recomendação (Poole & Macworth, 2017).

21.1.2 Aprendizado de Máquina

O AM é um subcampo da IA que se concentra em desenvolver técnicas que permitem que as máquinas aprendam a partir de dados. Em vez de serem explicitamente programadas para realizar uma tarefa, as máquinas são treinadas usando grandes conjuntos de dados e algoritmos que lhes dão a capacidade de aprender a partir de padrões e fazer previsões ou decisões sem intervenção humana. As aplicações do AM incluem detecção de fraudes, sistemas de recomendação e diagnósticos médicos (Mitchell, 1997).

21.2 Impacto na Arquitetura de Computadores

A crescente demanda por IA e AM tem implicações diretas na arquitetura de computadores.

21.2.1 Hardware Específico

Com o aumento da necessidade de processamento para tarefas de AM, surgiram hardwares específicos, como Unidades de Processamento Tensor (TPUs) e FPGAs, que são otimizados para operações matemáticas comuns em algoritmos de AM (Joupel *et al.*, 2017).

21.2.2 Otimização de Software

Softwares e *frameworks*, como TensorFlow e PyTorch, foram desenvolvidos para facilitar e otimizar o treinamento e a inferência em modelos de AM. Esses softwares são projetados para serem altamente paralelizados e otimizados para hardware específico (Abadi *et al.*, 2016).

21.2.3 Desafios de Memória e Armazenamento

O AM geralmente requer grandes conjuntos de dados para treinamento, o que impõe desafios significativos em termos de memória e armazenamento. Isso levou ao desenvolvimento de soluções de armazenamento de alta velocidade e memórias otimizadas para acesso rápido e eficiente (Wen *et al.*, 2019).

Conclusão

A Inteligência Artificial e o Aprendizado de Máquina estão redefinindo a maneira como interagimos com a tecnologia e o mundo ao nosso redor. O impacto dessas tecnologias na arquitetura de computadores é profundo, levando a inovações em hardware e software para atender às crescentes demandas desses campos avançados.

22. INTRODUÇÃO À COMPUTAÇÃO QUÂNTICA

22.1 Contextualização

A computação quântica representa uma das fronteiras mais avançadas da ciência da computação e da física. Ela busca aproveitar os fenômenos quânticos, como superposição e emaranhamento, para realizar cálculos de maneira muito mais eficiente do que os computadores clássicos. Embora ainda esteja em seus estágios iniciais de desenvolvimento, a computação quântica tem o potencial de revolucionar áreas como criptografia, otimização e simulação de sistemas químicos (Nielsen & Chuang, 2010).

22.2 Conceitos Básicos

22.2.1 Qubits

Ao contrário dos *bits* clássicos, que podem estar em um estado 0 ou 1, os *qubits* podem existir em uma superposição de ambos. Isso permite que os computadores quânticos realizem muitos cálculos simultaneamente, proporcionando sua potencial vantagem sobre os computadores clássicos (Nielsen & Chuang, 2010).

22.2.2 Emaranhamento

O emaranhamento é um fenômeno quântico onde *qubits* se tornam interdependentes e o estado de um *qubit* está relacionado ao estado de outro, independentemente da distância entre eles. Esse fenômeno é fundamental para a computação quântica, permitindo uma maior correlação e comunicação entre *qubits* (Bennett & Divicenzo, 2000).

22.2.3 Portas Quânticas

Assim como os computadores clássicos usam portas lógicas para realizar operações, os computadores quânticos usam portas quânticas para manipular *qubits*. Estas portas operam sobre os princípios da mecânica quântica e são fundamentais para a construção de algoritmos quânticos (Nielsen & Chuang, 2010).

22.3 Impacto na Arquitetura de Computadores

22.3.1 Desafios de Hardware

Construir um computador quântico é um desafio significativo. Os *qubits* são extremamente sensíveis a perturbações do ambiente, exigindo condições de isolamento extremo, como temperaturas próximas ao zero absoluto. Isso implica em desafios na miniaturização e integração de componentes quânticos (Devitt *et al.*, 2016).

22.3.2 Programação Quântica

A programação para computadores quânticos é fundamentalmente diferente da programação clássica. Novos algoritmos e linguagens de programação, como Q# da Microsoft e Qiskit da IBM, estão sendo desenvolvidos para aproveitar as capacidades únicas dos computadores quânticos (Mermin, 2007).

22.3.3 Implicações de Segurança

A computação quântica tem o potencial de quebrar muitos dos sistemas criptográficos atuais. No entanto, ela também oferece oportunidades para criar sistemas de segurança mais robustos, levando ao desenvolvimento da criptografia pós-quântica (Bernstein & Lange, 2017).

Conclusão

A computação quântica, embora ainda em sua infância, promete revolucionar a ciência da computação e a tecnologia. À medida que superamos os desafios associados à sua implementação, podemos esperar avanços significativos em várias áreas da ciência e da indústria.

REFERÊNCIAS

Livros:

BERNERS-LEE, T. *Weaving the Web: The Original Design and Ultimate Destiny of the World Wide Web*. HarperBusiness, 2000.

BERNSTEIN, D. J.; LANGE, T. *Post-Quantum Cryptography*. Springer, 2017.

FURBER, S. ARM *System-on-Chip Architecture*. 2. ed. Addison-Wesley, 2000.

KUROSE, J. F.; ROSS, K. W. *Redes de Computadores e a Internet: Uma Abordagem Top-Down*. 6. ed. São Paulo: Pearson, 2012.

LAMPORT, Leslie. *Time, Clocks, and the Ordering of Events in a Distributed System*. Communications of the ACM, v. 21, n. 7, p. 558-565, 1978.

LEE, E. A. The Problem with Threads. University of California, Berkeley, *Technical Report* No. UCB/EECS-2006-1, 2018.

MCKEOWN, N.; MALTZAHN, C. *The Future of Computer Networking*. ACM SIGCOMM Computer Communication Review, v. 48, n. 5, p. 26-33, 2018.

MERMIN, N. D. *Quantum Computer Science: An Introduction*. Cambridge University Press, 2007.

NIELSEN, M. A.; CHUANG, I. L. *Quantum Computation and Quantum Information*. Cambridge University Press, 2010.

PATTERSON, D. A.; HENNESSY, J. L. *Organização e Projeto de Computadores: A Interface Hardware/Software*. 1. ed. Rio de Janeiro: Elsevier, 2013.

SILBERSCHATZ, A.; GALVIN, P. B.; GAGNE, G. *Fundamentos de Sistemas Operacionais*. 9. ed. Porto Alegre: AMGH, 2013.

STALLINGS, W. *Arquitetura e Organização de Computadores*. 9. ed. São Paulo: Pearson Prentice Hall, 2014.

STALLINGS, W. *Computers as Components: Principles of Embedded Computing System Design*. 4. ed. Morgan Kaufmann, 2016.

STALLINGS, W. *Redes e Sistemas de Comunicação de Dados*. 7. ed. São Paulo: Pearson Prentice Hall, 2016.

TANENBAUM, A. S. *Redes de Computadores*. 5. ed. São Paulo: Pearson Prentice Hall, 2011.

WATERMAN, A.; ASANOVIC, K. *The RISC-V Instruction Set Manual, Volume I: User-Level ISA*. RISC-V Foundation, 2017.

Artigos e Relatórios Técnicos:

FLYNN, Michael J. Some Computer Organizations and Their Effectiveness. *IEEE Transactions on Computers*, v. C-21, n. 9, p. 948-960, 1972.

HENNESSY, John L.; PATTERSON, David A. *Computer Architecture: A Quantitative Approach*. 5th ed. Morgan Kaufmann, 2011.

MULLER, J.-M.; BRISEBARRE, N.; de DINECHIN, F.; JEANNEROD, C.-P.; LEFÈVRE, V.; MELQUIOND, G.; REVOL, N.; STEHLÉ, D.; TORRES, S. *Handbook of Floating-Point Arithmetic*. Birkhäuser Basel, 2010.

PIKE, Rob. *Concurrency is not Parallelism*. talks.golang.org, 2012. Disponível em: https://talks.golang.org/2012/waza.slide#1. Acesso em: 25 set. 2023.

SULTAN, N. Cloud computing for education: A new dawn?. *International Journal of Information Management*, v. 30, n. 2, p. 109-116, 2010.

TANENBAUM, A. S.; WOODHULL, Albert S. *Operating Systems: Design and Implementation*. 2nd ed. Prentice Hall, 1997.

TANENBAUM, A. S. *Organização Estruturada de Computadores*. 6. ed. São Paulo: Pearson Prentice Hall, 2015.

VAQUERO, L. M.; RODERO-MERINO, L.; CACERES, J.; LINDNER, M. A break in the clouds: towards a cloud definition. *ACM SIGCOMM Computer Communication Review*, v. 39, n. 1, p. 50-55, 2009.

ZHANG, Q.; CHENG, L.; BOUTABA, R. Cloud computing: state-of-the-art and research challenges. *Journal of Internet Services and Applications*, 2010.

Artigos sobre Virtualização:

ADAMS, K., & Agesen, O. (2006). A Comparison of Software and Hardware Techniques for x86 Virtualization. *ACM SIGOPS Operating Systems Review*.

BARHAM, P., Dragovic, B., Fraser, K., Hand, S., Harris, T., Ho, A., ... & Warfield, A. (2003). Xen and the Art of Virtualization. *ACM SIGOPS Operating Systems Review*.

GOLDBERG, R. P., & Popek, G. J. (1974). *Formal Requirements for Virtualizable Third Generation Architectures*. ACM SIGOPS Operating Systems Review.

NELSON, M., Lim, B. H., & Hutchins, G. (2005). Fast Transparent Migration for Virtual Machines. *ACM SIGOPS Operating Systems Review*.

ROSENBLUM, M., & Garfinkel, T. (2005). *Virtual Machine Monitors: Current Technology and Future Trends*. Computer.

SMITH, J. E., & Nair, R. (2005). *Virtual Machines: Versatile Platforms for Systems and Processes*. Amsterdam: Elsevier.

Artigos sobre Sistemas Operacionais:

AHO, A. V., Sethi, R., & Ullman, J. D. (1986). Compilers: Principles, Techniques, and Tools. Addison-Wesley.

MANO, M. M., & Kime, C. R. (2008). *Logic and Computer Design Fundamentals*. Pearson.

PATTERSON, D. A., & Hennessy, J. L. (2013). *Computer Organization and Design: The Hardware/Software Interface*. Elsevier.

STALLINGS, W. (2016). *Computer Organization and Architecture*. Pearson.

TANENBAUM, A. S. (2015). *Structured Computer Organization*. Prentice Hall.

Outros Recursos:

FOSTER, I. (2002). The Grid: A New Infrastructure for 21st Century Science. *Physics Today*, 55(2), 42-47.

TURING, A. M. (1936). On Computable Numbers, with an Application to the Entscheidungsproblem. *Proceedings of the London Mathematical Society*, 42(1), 230-265.

WIKEPEDIA. (2020). *Alan Turing*. Retrieved from https://en.wikipedia.org/wiki/Alan_Turing

WIKEPEDIA. (2020). Colossus computer. Retrieved from https://en.wikipedia.org/wiki/Colossus_computer

WIKEPEDIA. (2020). Computer. Retrieved from https://en.wikipedia.org/wiki/Computer

WIKEPEDIA. (2020). Integrated circuit. Retrieved from https://en.wikipedia.org/wiki/Integrated_circuit

WIKEPEDIA. (2020). Pascal's calculator. Retrieved from https://en.wikipedia.org/wiki/Pascal%27s_calculator

WIKEPEDIA. (2020). Supercomputer. Retrieved from https://en.wikipedia.org/wiki/Supercomputer